HISTÓRIA E GEOGRAFIA

CÉLIA PASSOS & ZENEIDE SILVA

5ª edição
São Paulo
2022

Coleção Eu Gosto M@is
História/Geografia 1º ano
© IBEP, 2022

Diretor superintendente	Jorge Yunes
Diretora adjunta editorial	Célia de Assis
Coordenadora editorial	Viviane Mendes
Assessoria pedagógica	Valdeci Loch
Editores	Adriane Gozzo e Soaria Willnauer
Assistente editorial	Isabella Mouzinho, Patrícia Ruiz e Stephanie Paparella
Revisores	Daniela Pita, Mauro Barros e Pamela P. Cabral da Silva
Secretaria editorial e processos	Elza Mizue Hata Fujihara
Departamento de arte	Aline Benitez e Gisele Gonçalves
Iconografia	Daniella Venerando
Ilustração	Vanessa Alexandre, José Luis Juhas, Dawidson França Luis Moura, Carlos Henrique da Silva e Dawidson França
Assistente de produção gráfica	Marcelo Ribeiro
Projeto gráfico e capa	Departamento de Arte - Ibep
Ilustração da capa	Gisele Libutti
Diagramação	N-Public

DADOS INTERNACIONAIS DE CATALOGAÇÃO NA PUBLICAÇÃO (CIP) DE ACORDO COM ISBD

P289e

Passos, Célia
   Eu gosto m@is: História e Geografia / Célia Passos, Zeneide Silva. – 5. ed. – São Paulo : IBEP - Instituto Brasileiro de Edições Pedagógicas, 2022.
   208 p. ; 20,5cm x 27,5cm. – (Eu gosto m@is)

   Inclui bibliografia.
   ISBN: 978-65-5696-274-0 (aluno)
   ISBN: 978-65-5696-275-7 (professor)

   1. Educação infantil. 2. Livro didático. 3. História. 4. Geografia. I. Silva, Zeneide. II. Título. III. Série.

2022-2999   CDD 372.2
    CDU 372.4

Elaborado por Vagner Rodolfo da Silva – CRB-8/9410

Índice para catálogo sistemático:
1. Educação infantil : Livro didático 372.2
2. Educação infantil : Livro didático 372.4

5ª edição – São Paulo – 2022
Todos os direitos reservados

Rua Gomes de Carvalho, 1306, 11º andar, Vila Olímpia
São Paulo - SP - 04547-005 - Brasil - Tel.: (11) 2799-7799
www.editoraibep.com.br

Gráfica Impress - Outubro 2022

APRESENTAÇÃO

Querido aluno, querida aluna,

Ao elaborar esta coleção pensamos muito em vocês.

Queremos que esta obra possa acompanhá-los em seu processo de aprendizagem pelo conteúdo atualizado e estimulante que apresenta e pelas propostas de atividades interessantes e bem ilustradas.

Nosso objetivo é que as lições e as atividades possam fazer vocês ampliarem seus conhecimentos e suas habilidades nessa fase de desenvolvimento da vida escolar.

Por meio do conhecimento, podemos contribuir para a construção de uma sociedade mais justa e fraterna: esse é também nosso objetivo ao elaborar esta coleção.

Um grande abraço,

As autoras

SUMÁRIO

		PÁGINA
1	História	5
2	Geografia	99

HISTÓRIA

CÉLIA PASSOS

Cursou Pedagogia na Faculdade de Ciências Humanas de Olinda – PE, com licenciaturas em Educação Especial e Orientação Educacional. Professora do Ensino Fundamental e Médio (Magistério) e coordenadora escolar de 1978 a 1990.

ZENEIDE SILVA

Cursou Pedagogia na Universidade Católica de Pernambuco, com licenciatura em Supervisão Escolar. Pós-graduada em Literatura Infantil. Mestra em Formação de Educador pela Universidade Isla, Vila de Nova Gaia, Portugal. Assessora Pedagógica, professora do Ensino Fundamental e supervisora escolar desde 1986.

LIZETE MERCADANTE MACHADO

Cursou História na Faculdade de Filosofia, Ciências e Letras de São José dos Campos. Mestrado em História do Brasil pela Universidade de Campinas (Unicamp). Professora da educação básica, editora e autora de obras didáticas e paradidáticas.

5ª edição
São Paulo
2022

IBEP

1º ANO
ENSINO FUNDAMENTAL

SUMÁRIO

LIÇÃO — **PÁGINA**

1 Eu sou criança 8
- Todo mundo é diferente 8
- O que você quer? 12
- Como é seu jeito de ser? 16
- Brincadeiras do passado e do presente 20

2 Eu tenho tempo 22
- Todos temos uma história 22
- Linha do tempo de sua vida 26
- A infância 29
- A infância de outros tempos 30
- O dia do meu aniversário chegou! 34

3 Histórias de criança 36
- Somos iguais, mas também somos diferentes 36
- O dia a dia das crianças 38
- Os direitos das crianças 41
- Coisas diferentes que as crianças orientais fazem 46

4 Eu tenho uma família 48
- Como são as famílias 48
- As famílias são diferentes 49
- Viver em família 52
- Famílias de hoje e famílias de antigamente 58

LIÇÃO		PÁGINA

5 **Todo mundo tem uma família** **60**
- Cada família tem sua história 60
- As famílias mudaram com o tempo 62
- A árvore genealógica 64
- Os sobrenomes contam a história das famílias 66
- Um pintor brasileiro 70

6 **A nossa escola** **72**
- Um lugar muito importante 72
- Escolas diferentes 73
- Os documentos contam a história da escola 80

7 **Eu aprendo** **82**
- A escola, a família e os amigos 82
- Eu aprendo na escola 83
- Eu aprendo com a família 84
- Eu aprendo com os amigos 85
- Como as crianças aprendiam no passado 90

8 **Datas comemorativas** **92**
- Festas escolares 92
- Festas familiares 94
- Festas coletivas 95

ADESIVOS **209**

LIÇÃO 1

EU SOU CRIANÇA

Todo mundo é diferente

Nenhuma criança é igual a você. Você é única! Vamos conhecer outras crianças?

EU SOU A ALINE. TENHO 6 ANOS. MEUS CABELOS E MEUS OLHOS SÃO CASTANHO-CLAROS. GOSTO DE SORVETE E DE DESENHAR. TAMBÉM GOSTO MUITO DE LER.

EU SOU O JONAS. TENHO 6 ANOS. MEUS CABELOS E MEUS OLHOS SÃO CASTANHO-ESCUROS. GOSTO DE JOGAR FUTEBOL. TAMBÉM GOSTO DE MATEMÁTICA.

EU SOU A ANA TERESA. TENHO 6 ANOS. MEUS CABELOS SÃO CASTANHOS E MEUS OLHOS SÃO PRETOS. GOSTO DE SUCO DE UVA. TAMBÉM GOSTO DE APOSTAR CORRIDA COM MEUS AMIGOS.

EU SOU O VINÍCIUS. VOU FAZER 6 ANOS NO MÊS QUE VEM. MEUS CABELOS SÃO LOIROS E MEUS OLHOS SÃO VERDES. GOSTO DE PIPOCA E DE NADAR.

Agora é a sua vez! Conte para o professor e para os colegas:

a) qual é o seu nome;
b) quantos anos você tem;
c) qual é a cor de seus cabelos e de seus olhos;
d) o que você gosta de fazer.

ATIVIDADES

1 Marque com um **X** as características a seguir que ajudam a descrever como você é.

- ☐ MENINO
- ☐ MENINA
- ☐ ALTO
- ☐ BAIXO
- ☐ QUIETO
- ☐ FALANTE

- ☐ DE CABELOS LOIROS
- ☐ DE CABELOS PRETOS
- ☐ DE CABELOS CASTANHOS
- ☐ DE CABELOS RUIVOS
- ☐ DE OLHOS CLAROS
- ☐ DE OLHOS ESCUROS

2 Agora desenhe como você é: seu corpo, seu rosto, seu cabelo e seus olhos.

3 Desenhe, no espaço a seguir, sua brincadeira favorita.

4 Assinale as frases que estão corretas.

☐ EU E MEUS COLEGAS SOMOS TODOS IGUAIS.

☐ CADA CRIANÇA É DIFERENTE DA OUTRA.

☐ TODAS AS CRIANÇAS DEVEM SER RESPEITADAS.

O que você quer?

Com o professor e os colegas, leia o poema a seguir.

CRIANÇA É VIDA

BRINCANDO DE CARRINHO
OU DE BOLA DE GUDE
CRIANÇA QUER CARINHO,
CRIANÇA QUER SAÚDE.

CHUTANDO UMA BOLA
OU FAZENDO UM AMIGO
CRIANÇA QUER ESCOLA,
CRIANÇA QUER ABRIGO.

LENDO UM GIBI
OU GIRANDO UM BAMBOLÊ
CRIANÇA QUER SORRIR,
CRIANÇA QUER CRESCER.

A GENTE QUER, A GENTE QUER
A GENTE QUER SER FELIZ!
CRIANÇA É VIDA
E A GENTE NÃO SE CANSA
DE SER PRA SEMPRE UMA CRIANÇA.

NA HORA DO CANSAÇO
OU NA HORA DA PREGUIÇA
CRIANÇA QUER ABRAÇO,
CRIANÇA QUER JUSTIÇA.

SÉRIO OU ENGRAÇADO,
NO FRIO OU NO CALOR
CRIANÇA QUER CUIDADO,
CRIANÇA QUER AMOR.

EM QUALQUER LUGAR,
CRIANÇA QUER O QUÊ?
CRIANÇA QUER SONHAR,
CRIANÇA QUER VIVER.

A GENTE QUER,
A GENTE QUER
A GENTE QUER SER FELIZ!
CRIANÇA É VIDA
E A GENTE NÃO SE CANSA
DE SER PRA SEMPRE UMA CRIANÇA.

ILUSTRAÇÕES: JOSÉ LUÍS JUHAS

L. MACEDO E F. SALEM. CRIANÇA É VIDA. IN: *TEORIAS DA APRENDIZAGEM*. CURITIBA: IESDE, 2003. P. 8.

No poema, os autores dizem que criança quer carinho, escola, entre outras coisas.

- E você, o que quer para ser feliz? Conte para os colegas e para o professor.

ATIVIDADES

1 Com base no poema das páginas anteriores, marque com um **X** os desejos de uma criança:

- ☐ SER FELIZ
- ☐ PODER BRINCAR
- ☐ SONHAR O TEMPO TODO
- ☐ NUNCA IR À ESCOLA
- ☐ TER JUSTIÇA
- ☐ TER SAÚDE

2 No poema, sublinhe com a cor amarela as brincadeiras de que você gosta e com a cor verde as brincadeiras de que você não gosta.

3 Desenhe, no espaço a seguir, o que você gostaria que acontecesse para tornar sua vida mais feliz.

4 Em casa, converse com os familiares para descobrir algumas informações sobre quando você era bebê. Depois, com a ajuda deles, complete a ficha a seguir.

Quando nasci, eu pesava: _____.

Quando nasci, eu media: _____.

Quem escolheu meu nome foi: _____.

A primeira palavra que falei: _____.

Meu brinquedo preferido quando era bebê: _____
_____.

Quando era bebê gostava mais de comer: _____
_____.

5 Apresente ao professor e aos colegas as informações que conseguiu reunir sobre você. Depois, responda oralmente:

a) Você e seus colegas têm alguma informação que seja igual? Qual?

b) E quais informações são diferentes?

c) Qual informação sua ou de seus colegas mais chamou sua atenção? Por quê?

d) O que você achou desta atividade de levantamento de informações sobre você e os colegas? De que mais gostou nesse processo?

Como é seu jeito de ser?

Não é só nas características físicas que somos diferentes uns dos outros. O jeito de ser de cada um também nos torna pessoas únicas e especiais.

Leia o poema a seguir.

EU

EU FAÇO TUDO IGUAL ÀS OUTRAS CRIANÇAS.
EU ACORDO. EU DURMO.
EU COMO. EU BEBO.
EU SONHO. EU ESQUEÇO.
EU BRINCO. EU BRIGO.

EU FAÇO TUDO DIFERENTE DAS OUTRAS CRIANÇAS.
QUANDO EU ACORDO, EU VIRO DE UM LADO.
QUANDO EU DURMO, EU COÇO ESSE OLHO.
QUANDO EU COMO, EU APERTO ESSE DENTE.
QUANDO EU BEBO, MINHA GARGANTA FAZ ASSIM.
QUANDO EU SONHO, NEM EU ENTENDO.
QUANDO EU ESQUEÇO, EU NÃO ME LEMBRO.
QUANDO EU BRINCO, EU BRIGO.
QUANDO EU BRIGO, EU BRINCO.

EU SOU IGUAL A TODAS AS CRIANÇAS,
E DIFERENTE TAMBÉM.
E TENHO UMA HISTÓRIA, DESDE QUE EU NASCI:
ESSA HISTÓRIA QUE EU CONTEI DE MIM.

TEXTO ESCRITO PELO PROFESSOR ALEXANDRE RABELO ESPECIALMENTE PARA ESTA OBRA.

ILUSTRAÇÕES: JOSÉ LUÍS JUHAS

ATIVIDADES

1 Ligue as frases da coluna da esquerda com a coluna da direita, para dar sentido às informações.

Quando durmo, eu   ... rio muito.

Quando acordo, eu   ... vejo coisas que não existem.

Quando brinco, eu   ... abro os olhos.

Quando sonho, eu   ... às vezes ronco.

2 Complete as informações sobre você.

Quando acordo, eu

_____.

Quando brinco, eu

_____.

Quando durmo, eu

_____.

3 Sente-se com um colega e conversem sobre o que vocês fazem que é igual e o que vocês fazem que é diferente.

_____

_____

_____

_____

EU GOSTO DE APRENDER

Com o professor, leia o que você estudou nesta lição.

- Toda criança tem uma história.
- As crianças são diferentes.
- As diferenças podem estar nas características físicas e no jeito de ser.
- Todas as crianças devem ser respeitadas.

ATIVIDADES

1) Responda às questões a seguir com informações sobre você.

- Minha cor preferida é: _____
_____.

- Minha brincadeira preferida é: _____
_____.

- Minha comida preferida é: _____
_____.

2) Junte-se a dois colegas e pergunte a eles:

| QUAL É SUA COR PREFERIDA? | QUAL É SUA BRINCADEIRA PREFERIDA? | QUAL É SUA COMIDA PREFERIDA? |

3 Anote as preferências dos colegas nas fichas a seguir.

Nome do colega: _____.

Cor preferida: _____.

Brincadeira preferida: _____.

Comida preferida: _____.

Nome do colega: _____.

Cor preferida: _____.

Brincadeira preferida: _____.

Comida preferida: _____.

4 Compare suas respostas com as dos colegas. Depois, marque com um **X** o quadro correspondente.

☐ TEMOS OS MESMOS GOSTOS.

☐ TEMOS ALGUNS GOSTOS IGUAIS E OUTROS DIFERENTES.

☐ TEMOS GOSTOS DIFERENTES.

EU GOSTO DE APRENDER MAIS

Brincadeiras do passado e do presente

Nestas fotos, você pode ver crianças brincando há muito tempo e nos dias atuais.

Crianças brincando com bola na rua, Brasília, Distrito Federal, 1976.

Crianças participando de brincadeira com óculos de realidade virtual, 2021.

Quando seus avós e bisavós eram crianças, não havia *videogames*, celulares nem *tablets*. Os brinquedos eletrônicos eram muito raros. As crianças se divertiam com outros tipos de brincadeira e brinquedo. Muitas dessas brincadeiras continuam existindo, por exemplo, pular corda, esconde-esconde, roda e amarelinha.

ATIVIDADES COMPLEMENTARES

1 Releia o texto da página anterior e faça o que se pede.

a) Pinte de amarelo as brincadeiras de antigamente.

VIDEOGAME   PULAR CORDA   JOGAR BOLA

PULAR AMARELINHA   CARRINHO ELETRÔNICO

b) Pinte de vermelho as brincadeiras de antigamente que ainda existem hoje.

ESCONDE-ESCONDE   JOGUINHO EM CELULAR

ANDA-LATA   PEGA-PEGA

c) Você brinca de alguma dessas brincadeiras do passado ou do presente? Qual ou quais?

2 Observe a pintura de um artista francês que visitou o Brasil há muito tempo. Depois, marque com um **X** o nome da brincadeira representada nela.

☐ ESCONDE-ESCONDE.

☐ CABRA-CEGA.

☐ BRINCAR DE SOLDADO.

☐ CASINHA.

Meninos brincando de soldados (1827), de Jean-Baptiste Debret. Aquarela, 15,3 cm × 21,6 cm.

LIÇÃO 2 EU TENHO TEMPO

Todos temos uma história

Fabíola queria conhecer a história de sua mãe. Por isso, a mãe dela mostrou-lhe algumas fotos.

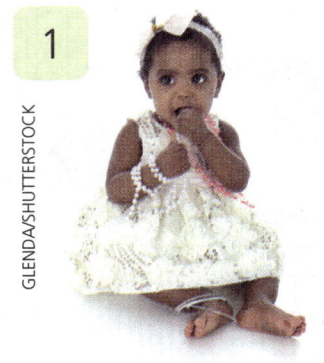

1

GLENDA/SHUTTERSTOCK

Mãe de Fabíola com 1 ano de idade.

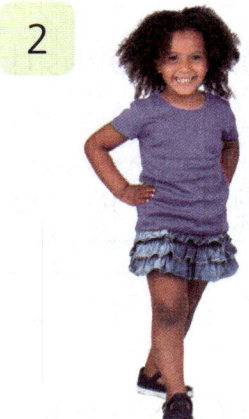

2

GELPI JM/SHUTTERSTOCK

Mãe de Fabíola com 7 anos de idade.

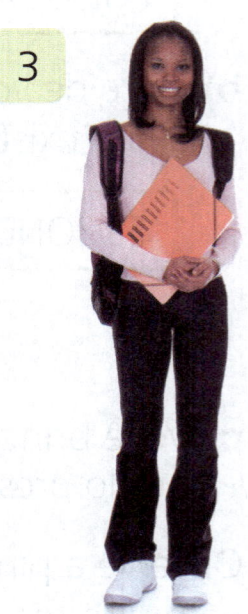

3

ANDREY_POPOV/SHUTTERSTOCK

Mãe de Fabíola com 13 anos de idade.

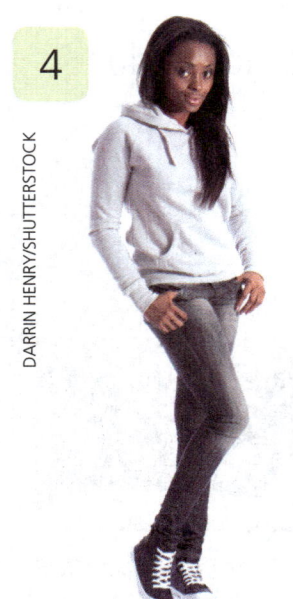

4

DARRIN HENRY/SHUTTERSTOCK

Mãe de Fabíola com 19 anos de idade.

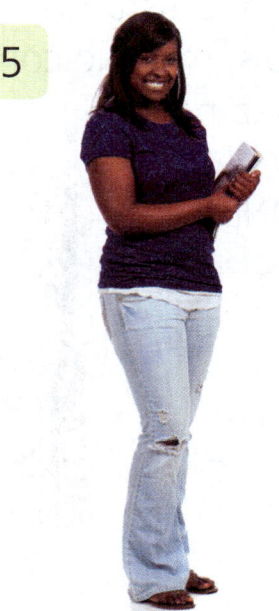

5

MIKE FLIPPO/SHUTTERSTOCK

Mãe de Fabíola com 25 anos de idade.

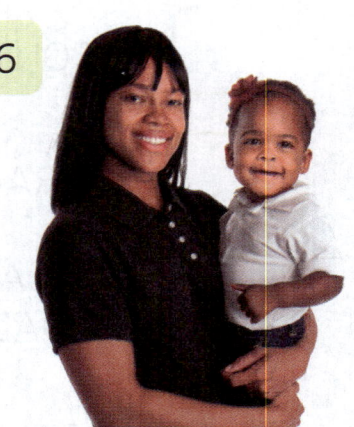

6

FLASHON STUDIO/SHUTTERSTOCK

Mãe de Fabíola com 31 anos de idade, quando Fabíola completou 1 ano.

Pelas imagens, você pode perceber que o tempo passou e a mãe de Fabíola foi crescendo e se modificando. Quando tinha 1 ano de idade, a mãe de Fabíola não fazia muita coisa sozinha. Ela precisava de ajuda para comer, tomar banho e estava aprendendo a andar. Quando tinha 7 anos, alimentava-se, andava sozinha e já sabia ler e escrever.

ATIVIDADES

1 Escreva no quadrinho o número da foto em que Fabíola aparece na página anterior.

2 Complete:

a) Nessa foto, Fabíola está com _____.

b) Nessa foto, Fabíola tinha _____ de idade.

Vários aprendizados

Observe as fotos a seguir. Elas mostram com quantos anos algumas crianças aprenderam a comer, a andar e a escrever o nome delas.

- Igor aprendeu a comer papinha com 6 meses de idade.

- Taís conseguiu andar com 1 ano de idade.

- Júlia escreveu seu nome pela primeira vez com 4 anos de idade.

ATIVIDADES

1 Coloque as fotos do álbum de Lucas em ordem, numerando-as.

Lucas com 5 anos de idade.

Lucas recém-nascido.

Lucas com 4 anos de idade.

Lucas com 6 meses.

Lucas com 3 anos de idade.

Lucas com 1 ano de idade.

2 Com a ajuda de alguém de sua família, escreva que idade você tinha quando aprendeu a realizar algumas atividades.

a) Aprendi a comer sozinho com _____.

b) Eu aprendi a andar com _____.

c) Eu aprendi a falar com _____.

d) Eu aprendi a escrever meu nome com _____.

3 Quem ensinou você a realizar essas atividades? Você tem fotos desses momentos? Cole uma delas aqui. Se não tiver foto, faça um desenho representando como foi o aprendizado.

Linha do tempo de sua vida

Você se desenvolveu com o passar do tempo: cresceu, aprendeu coisas novas e conheceu outras crianças e pessoas adultas.

Veja como Yasmin cresceu em seis anos.

1 ano.   2 anos.   4 anos.   6 anos.

A linha do tempo de sua vida representa a história do que você viveu desde seu nascimento. Em cada parte dela estão registrados momentos importantes de sua vida.

ATIVIDADES

1 Escolha um acontecimento importante em cada ano de sua vida para desenhar e pintar.

• Eu com 1 ano.

• Eu com 2 anos.

→ Eu com 3 anos.

Eu com 4 anos.

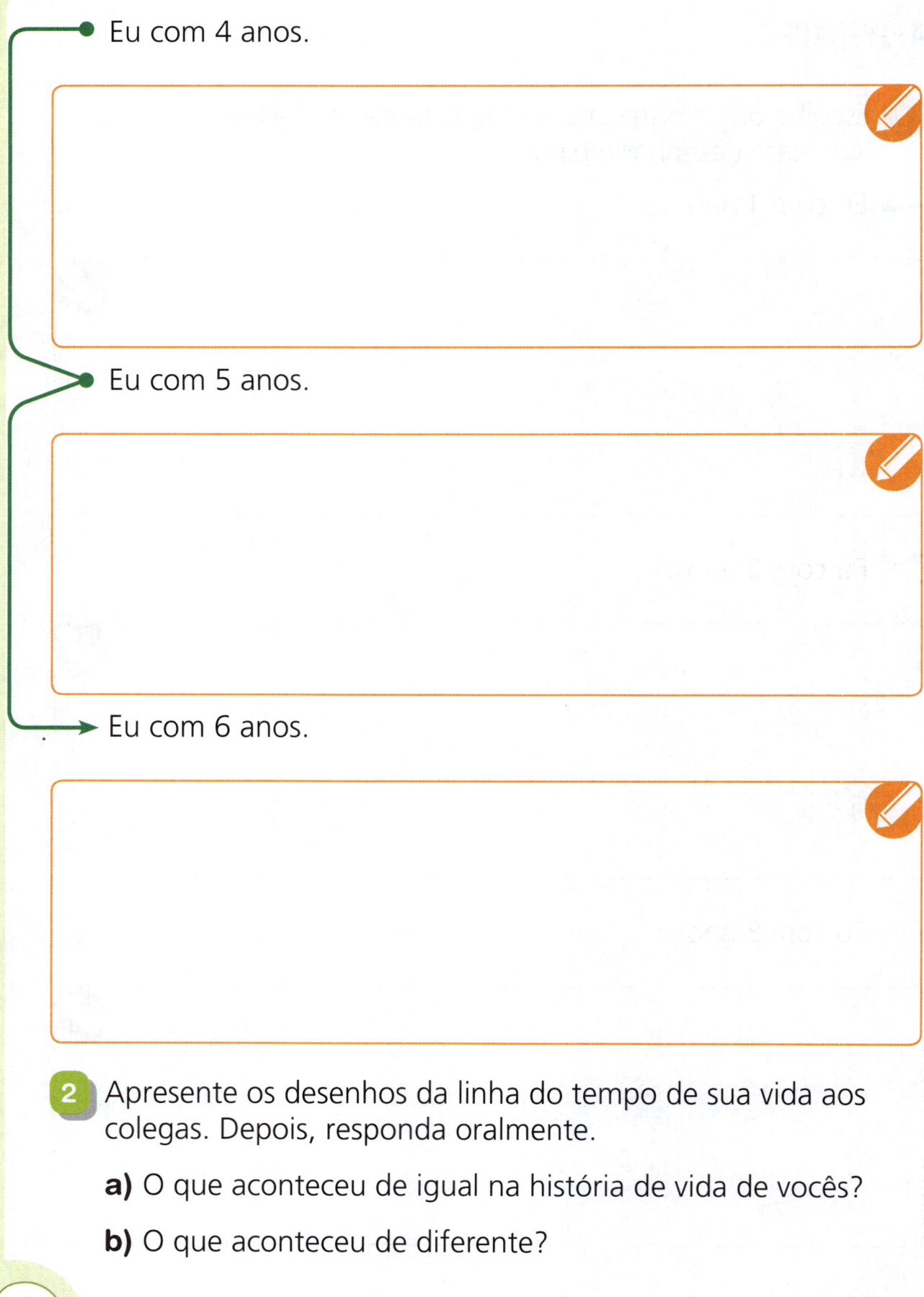

Eu com 5 anos.

Eu com 6 anos.

2. Apresente os desenhos da linha do tempo de sua vida aos colegas. Depois, responda oralmente.

a) O que aconteceu de igual na história de vida de vocês?

b) O que aconteceu de diferente?

A infância

Ao longo da vida, o ser humano passa por diferentes fases: infância, adolescência, fase adulta e velhice.

Na infância, quase todos os dias, aprende-se a fazer uma coisa nova. É na infância também que mais se precisa de cuidado. Por isso, os adultos estão sempre de olho nas crianças, ajudando-as nas tarefas mais difíceis e observando se elas não correm nenhum perigo.

As crianças têm o direito de brincar, estudar, praticar esportes e outras atividades que ajudem no seu desenvolvimento.

ILUSTRAÇÕES: JOSÉ LUIS JUHAS

- Conte para os colegas e para o professor: O que você já sabe fazer sozinho? E em quais atividades precisa de ajuda?

A infância de outros tempos

Ser criança antigamente não era como hoje. Em outros tempos, há mais de 50 ou 100 anos, as crianças participavam das mesmas atividades dos adultos e também se vestiam com roupas escolhidas pelos pais, às vezes iguais às dos adultos. Muitas delas, inclusive, trabalhavam como os adultos.

Antigamente, as crianças eram tratadas como adultos em tamanho menor. Na foto, crianças brincando em gangorra de madeira, com roupas semelhantes às utilizadas pelos adultos. Foto de 1958.

- Como você gosta de se vestir?
- É você ou um adulto que escolhe suas roupas?

ATIVIDADES

1 Circule as frases que estão corretas:

a) No passado, as crianças tinham uma infância exatamente igual à infância que temos hoje.

b) Atualmente, as crianças se vestem de maneira mais confortável que no passado.

c) Muitas crianças, no passado, eram tratadas como adultas.

d) Atualmente, as crianças não precisam mais ser protegidas e cuidadas pelos adultos.

2 Observe as imagens a seguir e depois faça o que se pede.

ILUSTRAÇÕES: JOSÉ LUIS JUHAS

a) Marque um **X** na atividade que não é adequada a uma criança.

b) Pinte o quadrinho da resposta que explica por que essa atividade não é adequada a uma criança.

☐ AS CRIANÇAS PRECISAM TER CUIDADO COM ANIMAIS AGRESSIVOS.

☐ AS CRIANÇAS NÃO PODEM TRABALHAR, POIS PRECISAM BRINCAR, IR À ESCOLA, PRATICAR ESPORTES ETC.

EU GOSTO DE APRENDER

Leia o que você estudou nesta lição.

- As pessoas crescem e se modificam à medida que o tempo passa.
- Aprendemos a fazer coisas novas com o passar do tempo.
- A linha do tempo serve para registrar acontecimentos.
- As pessoas têm histórias de vida diferentes.
- As crianças têm o direito de brincar, estudar e praticar esportes.
- No passado, a infância era bem diferente de como é atualmente.

ATIVIDADES

1. Desenhe uma atividade que você aprendeu a realizar há pouco tempo.

2 Observe as ilustrações de alguns momentos na vida de Paulo, desde os 6 anos de idade até ele ficar adulto.

- Numere as ilustrações, colocando-as na ordem correta.

- Destaque os adesivos do final do livro e cole-os na ordem correta.

1.
2.
3.
4.

EU GOSTO DE APRENDER MAIS

O dia do meu aniversário chegou!

Todos os anos fazemos aniversário. A data do aniversário é o dia e o mês em que nascemos. No aniversário, nossa idade aumenta um ano.

Aline comemorou seu aniversário com uma festa e convidou os melhores amigos.

No ano passado, José não quis uma festa de aniversário. Preferiu passear com os pais no dia em que fez 6 anos.

O dia do aniversário de cada pessoa é muito especial!

ATIVIDADES COMPLEMENTARES

1 Quando é seu aniversário?

_____

2 Faça um desenho, no espaço abaixo, ou cole uma foto mostrando como foi seu último aniversário.

- Apresente seu desenho ou sua foto para o professor e para os colegas.

LEIA MAIS

A FESTA DE ANIVERSÁRIO DE PATY

MARIA CAROLINA LASCALA, COM ILUSTRAÇÕES DE JULIANA SCATOLIN. SÃO PAULO: GIOSTRINHO, 2021.

PATY É MUITO TÍMIDA, MAS QUER MUITO UMA FESTA DE ANIVERSÁRIO. QUANDO FICA AMIGA DA EXUBERANTE RITA, SEU SONHO PODE SE TORNAR REALIDADE...

LIÇÃO 3
HISTÓRIAS DE CRIANÇA

Somos iguais, mas também somos diferentes

Veja as fotos a seguir. O que você observa de comum e de diferente no jeito de ser de cada uma das crianças que aparece nas imagens?

ATIVIDADES

1 Na página anterior, você conheceu o jeito de brincar, de se vestir e de se divertir de algumas crianças. Agora, desenhe seu jeito de ser.

- Qual é a sua brincadeira predileta?

- Qual esporte você pratica?

- Como você gosta de se vestir?

- De que modo você vai à escola?

2 Você acha que todas as crianças são iguais? Converse com seus colegas e com o professor sobre o assunto.

O dia a dia das crianças

Você e seus amigos certamente realizam muitas atividades ao longo do dia.

Algumas dessas atividades são feitas em casa, com os familiares; outras ocorrem na escola ou em lugares que costumamos frequentar e envolvem diferentes pessoas.

Acompanhe o cotidiano de Leonardo, desde o horário em que ele acorda até quando vai dormir.

ILUSTRAÇÕES: JOSÉ LUIS JUHAS

- Acorda.
- Veste-se. 
- Toma o café da manhã. 
- Escova os dentes. 
- Vai à escola. 
- Almoça e descansa. 
- Faz as tarefas escolares. 
- Brinca com os amigos. 
- Toma banho. 
- Janta. 
- Escova os dentes. 
- Dorme.

ATIVIDADES

1) Preencha o quadro com algumas atividades que você faz nos períodos da manhã, da tarde e da noite.

PERÍODO	ATIVIDADES
MANHÃ	
TARDE	
NOITE	

2) Agora, reúna-se com um colega e comparem as informações. Depois, responda às questões abaixo.

a) Marque com um **X** suas atividades que são iguais às atividades de seu colega.

☐ TOMAR BANHO ANTES DE JANTAR.

☐ ACORDAR E ESCOVAR OS DENTES.

☐ BRINCAR DEPOIS DE FAZER OS DEVERES ESCOLARES.

☐ ASSISTIR À TELEVISÃO APÓS O JANTAR.

b) Pinte os quadrinhos das suas atividades que são diferentes das de seu colega.

| HORÁRIO DE TOMAR BANHO. | ATIVIDADE APÓS O JANTAR. |
| ATIVIDADE APÓS O ALMOÇO. | HORÁRIO DE BRINCAR. |

3 Responda.

a) Em que período do dia você tem mais atividades: de manhã, à tarde ou à noite?

_____

b) Em que período do dia você vai à escola?

_____

4 Comente com o professor e os colegas se você gostaria de modificar alguma atividade do seu dia a dia e explique por quê.

5 Desenhe no espaço abaixo a atividade que você mais gosta de fazer durante o dia.

Os direitos das crianças

Todas as crianças têm direito a uma vida digna, saudável e feliz.

Todas as crianças devem ser respeitadas.

Para garantir esses direitos, foi criado no Brasil o Estatuto da Criança e do Adolescente (ECA), uma lei a que todos precisam obedecer.

Observe as imagens a seguir.

- Toda criança tem direito a:

Um nome.

Uma nacionalidade.

Um lugar para morar.

Uma boa alimentação.

Uma escola para estudar.

Receber amor de sua família e de todas as pessoas.

Receber tratamento médico.

Brincar. É proibido que qualquer criança trabalhe antes dos 14 anos.

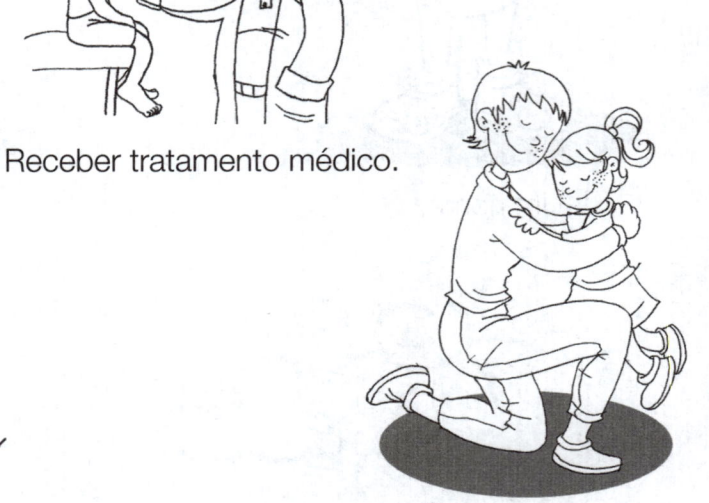

Ser tratada com carinho e proteção.

No mundo inteiro, as crianças devem ser respeitadas e protegidas!

ILUSTRAÇÕES: JOSÉ LUIS JUHAS

ATIVIDADES

1 Das ilustrações presentes nas páginas 39 e 40, pinte aquelas que representam situações vividas por você. Depois, sublinhe seus direitos que estão sendo respeitados.

- Eu tenho um lugar para morar.
- Eu frequento uma escola.
- Eu tenho atendimento médico se ficar doente.
- Eu recebo vacinas que me protegem.
- Minha família me dá carinho e proteção.
- Eu tenho tempo para brincar.
- Eu faço refeições saudáveis durante o dia.

2 Faça a correspondência entre as imagens e os direitos das crianças.

A DIREITO À SAÚDE.

B DIREITO AO LAZER.

C DIREITO À MORADIA.

D DIREITO À EDUCAÇÃO.

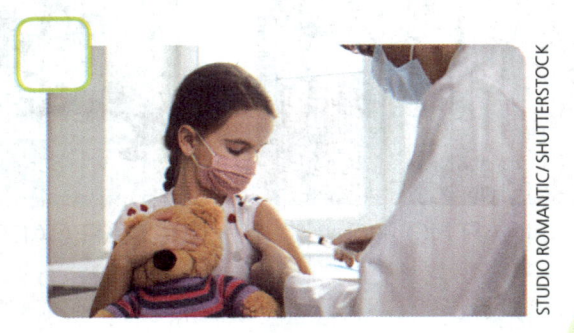

EU GOSTO DE APRENDER

Nesta lição, você estudou os seguintes assuntos:

- Apesar de as crianças compartilharem semelhanças, elas também são muito diferentes umas das outras.

- Cada criança tem um jeito de ser, de brincar, de se vestir, de se divertir etc.

- As crianças realizam muitas atividades ao longo do dia, como estudar, brincar, alimentar-se, descansar, passear etc.

- Atualmente, os direitos das crianças brasileiras estão definidos em um documento chamado Estatuto da Criança e do Adolescente (ECA).

ATIVIDADES

1 Em qual(is) foto(s) as crianças fazem algo que você também faz? Marque um **X**.

BRINCAR NO RIO.

JOGAR CAPOEIRA.

ESTUDAR.

2 Como você viu, todas as crianças do Brasil têm direitos que devem ser respeitados. Pinte o quadrinho com o nome do documento em que estão escritos os direitos das crianças brasileiras.

CONSTITUIÇÃO DO BRASIL

ESTATUTO DA CRIANÇA E DO ADOLESCENTE (ECA)

CARTEIRA DE VACINAÇÃO

LEI PARA CRIANÇAS

3 Leia novamente alguns dos direitos das crianças brasileiras nas páginas 39 e 40 e responda.

a) Quais são os direitos que você considera mais importantes?

_____

_____

b) Faça um desenho para representá-los.

EU GOSTO DE APRENDER MAIS

Coisas diferentes que as crianças orientais fazem

Os hábitos das crianças – e dos adultos também – mudam conforme o lugar onde vivem e as tradições de cada povo.

As crianças orientais, que vivem no Japão ou na Tailândia, por exemplo, aprendem certos hábitos que, em geral, as crianças brasileiras não possuem, como agradecer, antes e depois das refeições, a todas as pessoas e todos os seres vivos que contribuíram para que aquela comida existisse.

Antes de começar a comer, as crianças japonesas juntam as mãos, inclinam a cabeça e dizem *itadakimasu*, que significa "recebo humildemente". Quando terminam a refeição, falam: *gochisosama deshita*, que quer dizer "obrigado por essa refeição".

Elas não precisam estar perto de quem fez a comida; isso é apenas um ritual para lembrar que sempre devemos agradecer o que recebemos.

Elas pensam nos seres vivos que deram suas vidas para que alguém se alimentasse, como aves, vacas, peixes, plantas etc., e também em todos os trabalhadores necessários para a preparação da refeição, como pescadores, agricultores, comerciantes, cozinheiros etc.

Crianças em agradecimento antes da refeição na Tailândia, 2014. As crianças tailandesas têm o hábito de agradecer antes e depois das refeições.

ATIVIDADES COMPLEMENTARES

1 Marque com um **X** a frase que define o assunto tratado no texto.

- ☐ OS HÁBITOS DAS CRIANÇAS ORIENTAIS SÃO SEMELHANTES AOS DAS CRIANÇAS BRASILEIRAS.
- ☐ NA HORA DAS REFEIÇÕES, AS CRIANÇAS BRASILEIRAS SEMPRE AGRADECEM PELO QUE COMEM.
- ☐ ENTRE AS CRIANÇAS ORIENTAIS É HÁBITO AGRADECER ANTES E DEPOIS DAS REFEIÇÕES.

2 Quando as crianças orientais agradecem a refeição, esse agradecimento é destinado a muitas pessoas. Em casa, com a ajuda de um adulto, em seu caderno, complete a lista a seguir.

> As crianças orientais agradecem a:
> - quem plantou os vegetais da refeição;
> - quem cozinhou o alimento...

LEIA MAIS

SOMOS AMIGOS

EDGAR POÇAS. SÃO PAULO: COMPANHIA EDITORA NACIONAL, 2014.

ESTE LIVRO ABORDA O TEMA DA AMIZADE E COMO É IMPORTANTE TER AMIGOS DE VERDADE.

LIÇÃO 4
EU TENHO UMA FAMÍLIA

Como são as famílias

Toda pessoa faz parte de uma **família**. E cada família tem uma história.

Esta é a família de Luciano, um menino de 6 anos. O pai dele se chama Leonardo, e a mãe, Júlia. O irmão mais velho de Luciano é o Vítor. Luna é a cachorrinha da família.

Luciano é o mais novo da família.

Existem também outras pessoas que fazem parte da família de Luciano. Essas pessoas são **parentes** dele, como os avós, os tios, as tias, os primos e as primas. Ele adora visitar seus avós, Marcelo e Tereza.

Marcelo e Tereza são os avós de Luciano.

As famílias são diferentes

Nem sempre o pai, a mãe e os filhos vivem todos juntos na mesma casa.

Às vezes, os filhos moram apenas com o pai, ou somente com a mãe, ou, ainda, com os avós, os tios ou outros parentes.

Algumas famílias são formadas por madrasta, padrasto e irmãos postiços. Há também os casais que adotam filhos.

Larissa mora com o pai dela.

Daniel mora com a mãe dele.

As crianças que vivem em orfanato formam outro tipo de família.

Luana foi adotada por Márcio e Catarina. Eles formam uma família.

ATIVIDADES

1 Como é sua família? Desenhe, no espaço a seguir, você com as pessoas com quem mora.

2 Pinte apenas os círculos e depois leia a frase que eles formam juntos.

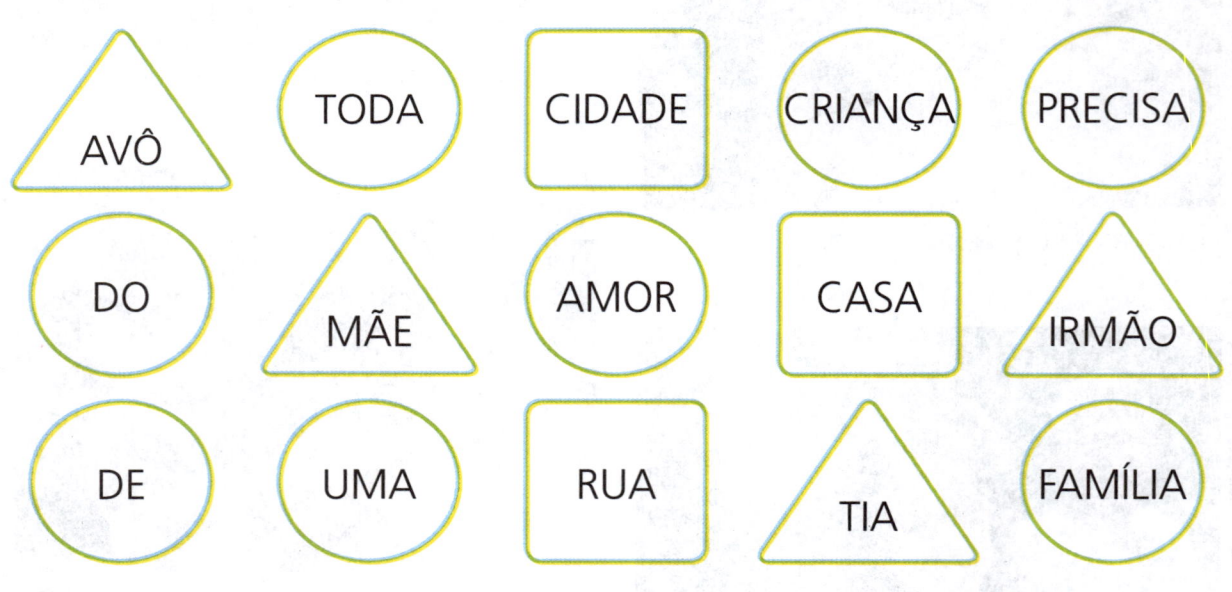

AVÔ (△)	TODA (○)	CIDADE (□)	CRIANÇA (○)	PRECISA (○)
DO (○)	MÃE (△)	AMOR (○)	CASA (□)	IRMÃO (△)
DE (○)	UMA (○)	RUA (□)	TIA (△)	FAMÍLIA (○)

3 Escreva aqui a frase que você formou ao pintar os círculos.

_____

_____

4 Com a ajuda das pessoas que cuidam de você, complete.

a) Meu avô paterno chama-se:

_____.

b) Minha avó paterna chama-se:

_____.

c) Meu avô materno chama-se:

_____.

d) Minha avó materna chama-se:

_____.

e) Meus tios, irmãos do papai, são:

_____

_____.

f) Meus tios, irmãos da mamãe, são:

_____

_____.

g) Meus primos, filhos dos meus tios, são:

_____

_____

_____.

Viver em família

Você já deve ter percebido que todas as pessoas fazem diversas atividades em casa. Essas atividades são necessárias para que a família possa viver em um ambiente limpo e saudável.

Os pais cuidam dos filhos, levando-os à escola, ao médico, para passear e se divertir. Em casa, é preciso cozinhar, lavar a louça e a roupa e limpar os cômodos.

As crianças podem e devem ajudar nas tarefas de casa. É muito importante que você ajude os adultos, cuidando bem do que é seu, guardando os brinquedos, arrumando a cama, as roupas e o quarto.

Há famílias em que o pai é quem cuida da casa enquanto a mãe trabalha fora.

As crianças também podem ajudar nas tarefas de casa cuidando de suas coisas e guardando os brinquedos, por exemplo.

Crianças e pais também se divertem muito juntos.

ATIVIDADES

1 Destaque e cole, no espaço a seguir, os adesivos do final do livro. São imagens que mostram como cada membro da família pode ajudar nas tarefas do dia a dia ou se divertir com os demais.

AJUDAR NAS TAREFAS DO DIA A DIA	DIVERTIR-SE COM A FAMÍLIA

2 Marque com um **X** as tarefas domésticas que você costuma realizar.

☐ ARRUMO A CAMA. ☐ CUIDO DO ANIMAL DE ESTIMAÇÃO.

☐ GUARDO MINHAS ROUPAS. ☐ ARRUMO A MESA.

☐ GUARDO MEUS BRINQUEDOS. ☐ LAVO A LOUÇA.

☐ CUIDO DAS PLANTAS. ☐ GUARDO A LOUÇA.

☐ CUIDO DOS MEUS IRMÃOS.

3 Pinte os quadrados ao lado das frases que explicam melhor como devemos viver em família.

☐ OS PAIS DEVEM CUIDAR BEM DOS FILHOS.

☐ OS IRMÃOS PODEM BRIGAR MUITO.

☐ A FAMÍLIA DEVE VIVER COM AMOR.

☐ PAI E MÃE NÃO PRECISAM SE ENTENDER.

☐ OS FILHOS DEVEM OBEDECER AOS PAIS E RESPEITÁ-LOS.

4 Leia o poema.

DE MAL, DE BEM...

A FAMÍLIA É COMO UMA ÁRVORE
QUE NASCE DE UMA SEMENTE.
ELA CRESCE E SE ESPALHA
PELO CORAÇÃO DA GENTE.

OS IRMÃOS ÀS VEZES BRIGAM.
PAI E MÃE SE DESENTENDEM
MAS DEPOIS TODOS SE LIGAM:
DAS OFENSAS SE ARREPENDEM.

EVELYN HEINE. *POESIAS PARA CRIANÇAS – FAMÍLIA*. BLUMENAU: BRASILEITURA [S.D.].

- Com o que a família do poema foi comparada? Faça um desenho que represente sua resposta.

EU GOSTO DE APRENDER

Leia o que você estudou nesta lição.

- Todas as pessoas fazem parte de uma família e cada família tem uma história.

- Há famílias em que os filhos moram apenas com o pai, com a mãe, com os avós ou com outros parentes.

- Todas as pessoas da família devem se responsabilizar pelas tarefas da casa.

- As crianças também podem ajudar cuidando de suas coisas, guardando os brinquedos e mantendo o quarto em ordem.

ATIVIDADES

1. Faça desenhos para representar dois tipos de família.

FAMÍLIA 1	FAMÍLIA 2

2 Marque um **X** nos quadrados ao lado das frases corretas.

☐ AS TAREFAS DA CASA SÃO RESPONSABILIDADE DE TODOS QUE NELA MORAM.

☐ EM CASA, APENAS A MÃE E AS IRMÃS DEVEM FAZER A LIMPEZA.

☐ TODAS AS PESSOAS DA FAMÍLIA DEVEM AJUDAR EM CASA.

☐ O PAI NUNCA DEVE FAZER TRABALHOS DOMÉSTICOS.

☐ QUANDO TODOS AJUDAM EM CASA, HÁ MAIS TEMPO PARA DIVERSÃO E DESCANSO.

3 Complete as frases com as palavras em destaque.

| AVÓS | TIOS | NETOS | PRIMOS |

a) Os irmãos de meu pai e de minha mãe são meus _____.

b) Os filhos dos irmãos de meu pai e de minha mãe são meus _____.

c) Os pais do meu pai e os pais da minha mãe são meus _____.

d) Quando eu crescer e tiver filhos, eles serão os _____ dos meus pais.

EU GOSTO DE APRENDER MAIS

Famílias de hoje e famílias de antigamente

Nestas fotos, você pode ver uma família no Brasil muito tempo atrás e outra nos dias atuais.

Família Bordini com os filhos. Rio Grande do Sul. Década de 1910.

A família do Lucas é formada por ele, seu pai, André, e sua mãe, Fabiana.

Hoje, as famílias, em geral, não são tão grandes quanto a família Bordini. Em casa, é cada vez mais comum que todos ajudem nas tarefas.

Antigamente, as famílias eram diferentes. Costumavam ser bem grandes: os pais tinham muitos filhos e havia o costume de primos, primas, tios, tias e avós morarem todos juntos. Os homens, em geral, não se dedicavam às tarefas domésticas. Essas tarefas ficavam por conta das mulheres.

ATIVIDADES COMPLEMENTARES

1 Pinte o retângulo com a resposta correta.

- As famílias atuais são diferentes das famílias de antigamente porque

| TÊM MENOS FILHOS. | | TÊM MAIS FILHOS. |

2 Leia a frase a seguir e comente com o professor e os colegas se ela está certa ou errada. Justifique sua resposta.

- O PAI SEMPRE AJUDOU NAS TAREFAS DOMÉSTICAS, TANTO NAS FAMÍLIAS ANTIGAS COMO NAS ATUAIS.

3 Observe a foto e marque um **X** nas características que descrevem melhor a família retratada.

☐ É UMA FAMÍLIA ANTIGA.

☐ É UMA FAMÍLIA ATUAL.

☐ É UMA FAMÍLIA IGUAL ÀS FAMÍLIAS DE HOJE.

☐ É UMA FAMÍLIA DIFERENTE DAS FAMÍLIAS DE HOJE.

Família de Manaus, Amazonas, por volta de 1905.

LIÇÃO 5

TODO MUNDO TEM UMA FAMÍLIA

Cada família tem sua história

A família é a primeira comunidade da qual fazemos parte. Comunidade é um grupo de pessoas que tem interesses e objetivos comuns.

O pai, a mãe, os filhos e outros parentes formam uma família e também uma comunidade.

Além da família, geralmente participamos de outras comunidades: a escola, o condomínio ou a rua onde moramos, o bairro, o clube e muitas outras.

Família indígena Kaiapó na aldeia Mojkarako, em São Felix do Xingu, Pará, década de 2010.

Família reunida em Teofilândia, Bahia, década de 2010.

Pai com a filha no colo posa para foto em frente de casa, em São Joaquim, Santa Catarina, década de 2010.

Mãe e filha de comunidade quilombola, em Cabo Frio, Rio de Janeiro, década de 2010.

ATIVIDADES

1 Encontre no diagrama o nome do grau de parentesco de algumas pessoas que fazem parte de sua família.

R	P	O	D	E	T	M	I	R	M	Ã	O
S	A	V	Ó	I	I	E	Ã	T	E	G	A
D	I	Z	O	I	O	O	H	E	L	M	E

2 Observe os tipos de família e faça a correspondência.

A MARCELA MORA COM A AVÓ.

B CÉSAR MORA COM OS PAIS E OS IRMÃOS. A FAMÍLIA DELE É NUMEROSA.

C BRUNA E BRENO MORAM COM O PAI, POIS A MÃE DELES SE CASOU NOVAMENTE.

D SOFIA E PEDRINHO MORAM COM O PAI E A MÃE.

As famílias mudaram com o tempo

As famílias foram mudando ao longo do tempo.

Antigamente, a maioria das famílias era formada por pai, mãe e filhos, e havia também os agregados. Essas famílias eram bem numerosas.

Hoje, há famílias que são muito diferentes daquelas de antigamente. Há famílias pequenas e outras grandes. Há famílias formadas apenas por mães e os filhos, ou por pais e os filhos.

Há famílias em que os membros possuem diferentes características físicas. Por exemplo, uns são altos, e outros, baixos; uns possuem a pele mais clara, e outros, a pele mais escura; uns têm cabelos cacheados, e outros, cabelos lisos.

Observe a imagem a seguir.

A família (1925), de Tarsila do Amaral. Óleo sobre tela, 79 cm × 101,5 cm.

O quadro da pintora Tarsila do Amaral mostra uma família do passado, com os muitos membros que a compunham. Um detalhe na obra indica também a presença de animais de estimação.

ATIVIDADES

1 Observe o quadro da página anterior e complete as frases.

a) O título do quadro é _____.

b) Foi pintado pela artista _____.

c) O ano em que ela fez o quadro foi _____.

2 Como é a família retratada pela artista Tarsila do Amaral?

_____

_____

_____

3 Quanto às características físicas, como é a família do quadro? Pinte a frase que responde corretamente à questão.

> TODAS AS PESSOAS DO QUADRO SÃO LOIRAS, PARECENDO ESTRANGEIROS.

> TODAS AS PESSOAS DO QUADRO PARECEM BRASILEIRAS, COM CABELOS ESCUROS E PELE MORENA.

4 Converse com um colega sobre as características físicas das famílias de vocês. Depois, em uma folha de papel sulfite, um desenhará a família do outro, de acordo com as descrições feitas. Não se esqueçam de completar o título do desenho com o nome do colega.

A árvore genealógica

A árvore genealógica é um esquema usado para representar os membros de uma família, desde os mais antigos, como seus bisavós e seus avós, até os mais recentes, como você e seus irmãos.

A árvore genealógica ajuda a entender um pouco mais a história de nossas famílias e também a perceber as diferenças e as semelhanças entre as gerações.

JOSÉ LUIS JUHAS

Geração é o conjunto de pessoas de uma mesma idade. Seus avós maternos e paternos fazem parte de uma geração. Seus pais e seus tios fazem parte de outra geração. Você e seus colegas de sala formam uma geração.

ATIVIDADES

1 Cole fotos ou desenhe seus familiares nesta árvore genealógica.

AVÔ PATERNO   AVÓ PATERNA   AVÓ MATERNA   AVÔ MATERNO

PAI   MÃE

EU

2 Agora, escreva o nome de cada um deles.

_____

_____

_____

65

Os sobrenomes contam a história das famílias

Outra maneira de conhecermos a história de uma família é pelo sobrenome dos parentes.

Antigamente, para se identificarem, as pessoas começaram a usar sobrenomes. Assim, se a pessoa morava perto de uma árvore, poderia adotar como sobrenome o nome dessa árvore. Desse modo, surgiram sobrenomes como "Figueira" (a árvore que dá figo) e "Oliveira" (a árvore que dá azeitona). Se a pessoa morasse na proximidade de uma floresta, poderia adotar o sobrenome "Silva" (que significa selva).

Os sobrenomes também podiam indicar a profissão de alguém da família, como "Ferreira" (que trabalhava com o ferro).

Outro costume era escolher um sobrenome que lembrasse o nome ou a aparência dos pais. "Fernandes", por exemplo, significava "filho de Fernando", e Mariano, "filho de Maria". Características da própria pessoa também originavam sobrenomes. "Barbosa", por exemplo, significava ter longa barba.

ATIVIDADES

1 Qual é a importância de ter nome e sobrenome? Pinte o quadrinho da resposta correta.

☐ É UM JEITO DE NOS IDENTIFICARMOS.

☐ SERVE PARA MOSTRAR ONDE NASCEMOS.

☐ INDICA QUEM É NOSSA MÃE.

2 Em casa, com a ajuda de um adulto, escreva seu nome completo, isto é, seu nome e sobrenome.

Meu nome completo é _____.

_____

3 Vamos analisar mais alguns sobrenomes e pensar no que significam? Associe os quadrinhos aos sobrenomes.

1 Nunes.   **2** Monteiro.   **3** Pereira.

☐ CAÇADOR DOS MONTES.

☐ ÁRVORE QUE DÁ A PERA.

☐ FILHO DE NUNO.

4 Na sua turma, existe algum sobrenome com significado parecido com os que você analisou? Converse com o professor e os colegas e façam uma lista coletiva.

EU GOSTO DE APRENDER

Leia o que você estudou nesta lição.

- Cada família possui sua história. E cada família é uma comunidade.
- No passado, as famílias, em geral, eram bem grandes, com muitos filhos.
- No presente, há famílias grandes e pequenas; há também famílias em que as pessoas são parecidas fisicamente e outras nas quais todos são bem diferentes uns dos outros.
- Árvore genealógica é um esquema usado para representar os membros de uma família e ajuda a entender a história das famílias.
- As famílias identificam-se pelos sobrenomes, que passam de pais para filhos e podem ter os mais variados significados, como nomes de árvores, profissões etc.

ATIVIDADES

1 Coloque **C** se a frase estiver certa e **E** se estiver errada.

☐ A FAMÍLIA É A PRIMEIRA COMUNIDADE DA QUAL FAZEMOS PARTE.

☐ AS FAMÍLIAS SÃO TODAS IGUAIS.

☐ NO PASSADO, AS FAMÍLIAS TINHAM O MESMO NÚMERO DE INTEGRANTES QUE AS FAMÍLIAS DO PRESENTE.

☐ OS SOBRENOMES CONTAM A HISTÓRIA DAS FAMÍLIAS.

2 Leia este texto sobre Mariana e, depois, desenhe a árvore genealógica dela.

A FAMÍLIA DE MARIANA

MARIANA, ALÉM DA MÃE E DA AVÓ, TEM BISAVÓ E TRISAVÓ VIVAS! SUA MÃE SE CHAMA TERESA OLIVEIRA; SUA AVÓ, MARIA OLIVEIRA; A BISA É DONA ALBERTINA PEREIRA; E A TRISA SE CHAMA MARISA PONTES.

INFELIZMENTE, O AVÔ, O BISAVÔ E O TRISAVÔ MATERNOS DE MARIANA JÁ FALECERAM: OS SENHORES PAULO OLIVEIRA, RENATO PEREIRA E ANTÔNIO PONTES.

PELO LADO PATERNO, MARIANA SÓ CONHECEU SEUS AVÓS EDUARDO E SÍLVIA OLIVEIRA, PAIS DE JOSÉ OLIVEIRA, SEU PAI. O ENGRAÇADO É QUE O SOBRENOME "OLIVEIRA" FAZ PARTE TANTO DA FAMÍLIA DO PAI COMO DA FAMÍLIA DA MÃE!

JOSÉ LUÍS JUHAS

EU GOSTO DE APRENDER MAIS

Um pintor brasileiro

O artista Almeida Júnior foi um importante pintor brasileiro. Ele nasceu em Itu e morreu em Piracicaba, cidades do interior do estado de São Paulo.

Em suas pinturas, o artista gostava de representar pessoas comuns, como mulheres, homens e crianças.

Cena de família de Adolfo Augusto Pinto (1891), de Almeida Júnior. Óleo sobre tela, 106 cm × 137 cm.

Almeida Júnior nasceu em 8 de maio de 1850. Em homenagem a ele, nesse dia é comemorado o Dia do Artista Plástico Brasileiro.

No quadro desta página, Almeida Júnior retratou uma família em seus momentos de lazer, em casa.

ATIVIDADES COMPLEMENTARES

1. Descreva o quadro de Almeida Júnior. Converse com os colegas sobre o que você vê.

2 Quais elementos que aparecem no quadro também existem na sua casa? Responda oralmente.

3 Em sua opinião, o quadro transmite que tipos de sentimento? Circule.

AMOR   TRISTEZA   AMIZADE

CARINHO   UNIÃO   RAIVA

4 No quadro de Almeida Júnior está representada uma família:

☐ DE UM TEMPO DISTANTE.

☐ DE UM TEMPO RECENTE.

5 Explique como você concluiu a resposta da atividade 4.

LEIA MAIS

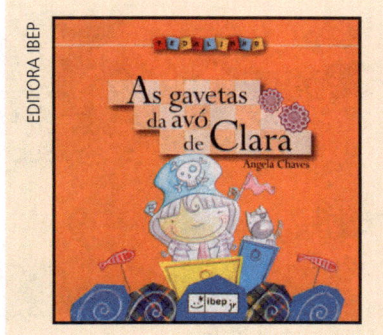

AS GAVETAS DA AVÓ DE CLARA

ANGELA CHAVES. SÃO PAULO: IBEP JR., 2014.

NA CASA DA AVÓ, CLARA DESCOBRE MUITOS TESOUROS GUARDADOS: RETRATOS, BROCHES, CARTAS, LEMBRANÇAS, SURPRESAS E SEGREDOS. POR MEIO DESSAS DESCOBERTAS, CLARA CONHECE A PRÓPRIA HISTÓRIA.

LIÇÃO 6

A NOSSA ESCOLA

Um lugar muito importante

A escola é um lugar de estudo, de convivência e de trabalho. Frequentar a escola é um direito de todas as crianças.

Muitas pessoas trabalham na escola, como o diretor, o professor, o porteiro, o coordenador etc.

Além de estudar e aprender, na escola conhecemos pessoas e fazemos amizades.

Na escola, é muito importante que as pessoas se respeitem e colaborem para que todos se sintam bem.

Sala de aula em escola do Rio de Janeiro, 2015.

- O que você aprendeu de mais importante na escola até agora?

Escolas diferentes

Nas escolas de antigamente, as salas de aula eram diferentes. O mobiliário era diferente e havia turmas só de meninas ou só de meninos.

Instituto Profissional Feminino, Rio de Janeiro, 1922.

Mesmo hoje, existem diferentes tipos de escola. As escolas são construídas para atender às necessidades das crianças de cada lugar.

Nas escolas indígenas, as crianças aprendem a cultura e a língua de seu povo. Escola indígena Sakruiwê, da Aldeia Funil, Tocantínia, Tocantins, 2022.

Barco transportando crianças até a escola pelo Rio Tapajós, em Aveiro, Pará, 2014.

ATIVIDADES

1 Com a ajuda do professor, complete as frases e responda.

a) O nome da minha escola é _____

_____.

b) Ela sempre teve esse nome?

☐ SIM. ☐ NÃO.

c) Em sua escola, os alunos usam uniforme?

☐ SIM. ☐ NÃO.

d) O endereço da minha escola é _____

_____.

2 Pinte os quadros que indicam os momentos de que você mais gosta quando está na escola.

AULA DE LÍNGUA PORTUGUESA	AULA DE MATEMÁTICA	AULA DE GEOGRAFIA
AULA DE CIÊNCIAS	AULA DE HISTÓRIA	AULA DE EDUCAÇÃO FÍSICA
ATIVIDADE NO LABORATÓRIO	FILME NA SALA DE VÍDEO	HORA DO RECREIO

3 Faça um desenho da escola onde você estuda.

4 Marque um **X** em "sim" ou "não".

a) As salas de aula no passado eram iguais à sua sala de aula?

☐ SIM. ☐ NÃO.

b) No passado, as crianças usavam uniforme?

☐ SIM. ☐ NÃO.

5 Observe esta foto antiga. Depois, responda oralmente.

MUSEU DA IMAGEM E DO SOM, RIO DE JANEIRO

Alunos e professores em sala de aula, Rio de Janeiro, 1914.

a) Em qual cidade essa escola se localizava? Quando a foto foi tirada?

b) Os meninos e as meninas dessa escola estudavam todos juntos?

c) Nessa escola, o que é diferente da escola onde você estuda?

d) Nessa escola, o que é semelhante à escola onde você estuda?

6 Em casa, pergunte a seus responsáveis como era a escola no tempo em que eles estudavam. Peça-lhes que escrevam em seu caderno um pequeno parágrafo com o relato. Depois, em sala de aula, leia o parágrafo para os colegas ou peça ao professor que o leia.

7 Na escola, as crianças têm direitos e deveres. Nos quadros a seguir, indique **1** para direito e **2** para dever.

☐ FAZER AS LIÇÕES.

☐ TER UM LUGAR PARA BRINCAR.

☐ TRATAR O PROFESSOR E OS COLEGAS COM RESPEITO.

☐ TER UM LUGAR NA SALA DE AULA.

☐ CONSERVAR AS CARTEIRAS E OUTROS MATERIAIS DA TURMA.

☐ TER MATERIAL ESCOLAR, COMO LIVROS E CADERNOS.

8 Observe novamente a foto da sala de aula da página 70 e a foto do Instituto Profissional Feminino da página 71. Depois, marque um **X** nas respostas corretas.

☐ AS DUAS ESCOLAS SÃO ANTIGAS.

☐ AS ESCOLAS TÊM TIPOS DE CARTEIRA DIFERENTES.

☐ A ESCOLA DA PÁGINA 70 É ATUAL.

☐ NA ESCOLA DA PÁGINA 71, SÓ ESTUDAVAM MOÇAS.

☐ AS DUAS ESCOLAS SÃO ATUAIS.

EU GOSTO DE APRENDER

Leia o que você estudou nesta lição.

- Na escola, aprendemos a ler, a escrever, a fazer contas, a desenhar e muitas outras coisas.

- Na escola, aprendemos a conviver com outras pessoas, a ouvir e a dar nossa opinião.

- Frequentar uma escola é um direito de todas as crianças.

- As escolas são construídas para atender às necessidades das crianças de cada lugar.

- As escolas também se modificaram ao longo da história.

- Nas escolas de antigamente, havia turmas só de meninas ou só de meninos.

ATIVIDADES

1. Preencha as colunas.

APRENDI NA ESCOLA	APRENDI EM CASA

2 Associe o que se deseja aprender ao tipo de escola que se deve frequentar.

- A ESCOLA DE IDIOMAS.
- B ESCOLA DE CIRCO.
- C ESCOLA DE ESPORTES.
- D ESCOLA DE ENSINO FUNDAMENTAL.
- E ESCOLA DE MÚSICA.

☐ MARISA QUER MUITO APRENDER A JOGAR CAPOEIRA.

☐ VÍTOR FEZ 6 ANOS. AGORA, ELE VAI CURSAR O 1º ANO.

☐ PEDRO QUER APRENDER A FALAR, A LER E A ESCREVER JAPONÊS.

☐ BIA QUER SER TRAPEZISTA.

☐ VALENTINA QUER TOCAR EM UMA BANDA COMO BATERISTA.

3 Você conhece bem sua escola? Responda às questões a seguir.

- Quantas salas de aula existem?
- Há biblioteca?
- Há laboratório de Ciências?
- Há sala de informática?
- Há quadra de esportes?
- Há auditório?

EU GOSTO DE APRENDER MAIS

Os documentos contam a história da escola

Assim como as pessoas têm seus documentos pessoais, a escola também tem documentos que contam sua história.

Se quisermos conhecer o passado do local onde estudamos, podemos procurar boletins de alunos que estudaram ali, históricos escolares, materiais utilizados nas salas de aula, fotos antigas etc.

Cartilha de 1940.

Esses documentos ajudam a entender quais foram as mudanças ocorridas na escola, os funcionários e professores que já trabalharam nela, as reformas feitas e o perfil dos alunos.

ATIVIDADES COMPLEMENTARES

1 Se alguém quiser descobrir a história de uma escola, o que essa pessoa poderá procurar? Marque um **X** na resposta certa.

- ☐ A CERTIDÃO DE NASCIMENTO DOS ALUNOS.
- ☐ A CARTEIRA DE MOTORISTA DOS PROFESSORES.
- ☐ DOCUMENTOS DA ESCOLA, COMO HISTÓRICO ESCOLAR DOS ALUNOS, REGISTROS DE REUNIÃO DE PROFESSORES, ENTRE OUTROS.
- ☐ OS DOCUMENTOS PESSOAIS DO DIRETOR DA ESCOLA.

2 Faça uma pesquisa para descobrir o local em que são guardados os documentos de sua escola.

- Depois, faça um desenho desse local.

3 Escreva **C** se a frase estiver certa e **E** se a frase estiver errada.

☐ OS DOCUMENTOS DE UMA ESCOLA SÃO FONTES DA HISTÓRIA DESSA ESCOLA.

☐ OS DOCUMENTOS DE UMA ESCOLA PODEM SER DESCARTADOS AO FIM DE CADA ANO.

☐ FOTOS ANTIGAS DA ESCOLA AJUDAM A CONHECER UM POUCO DO PASSADO DESSE LUGAR.

LEIA MAIS

E EU?

VALÉRIA BELÉM. SÃO PAULO: IBEP JR., 2014.

EXISTE UM LUGAR ONDE TODOS PODEM CONVIVER AMIGAVELMENTE? NESSA HISTÓRIA, A ESCOLA PODE SER ESSE LUGAR GOSTOSO EM QUE DESCOBRIMOS A ALEGRIA DE TER AMIGOS DIFERENTES DE NÓS.

LIÇÃO 7

EU APRENDO

A escola, a família e os amigos

As crianças estão sempre aprendendo.

Elas aprendem em casa e com os familiares. As crianças aprendem com os amigos, que podem ser crianças e também adultos. Aprendem na escola com os professores, com os funcionários e com os colegas.

- Qual é o lugar onde você mais aprende? Conte aos colegas a última coisa que você aprendeu.

Eu aprendo na escola

A educação é um direito de todas as crianças. Não importa onde a criança mora, as condições financeiras da família, nem se ela apresenta qualquer tipo de limitação física.

A família, a comunidade e o governo têm obrigação de promover a educação para todas as crianças brasileiras.

É na escola que, geralmente, as crianças aprendem a ler, a escrever e a fazer contas.

A escola também é lugar de aprender novas brincadeiras e a respeitar opiniões diferentes.

- O que você já aprendeu na escola este ano?

Eu aprendo com a família

Desde que nasce a criança já começa a aprender. E são os familiares as primeiras pessoas a ajudarem as crianças a aprenderem novas habilidades.

O bebê aprende com seus cuidadores a falar e a andar. Quando a criança cresce um pouco mais, ela, aos poucos, começa a aprender várias outras habilidades necessárias para seu dia a dia, as quais serão usadas ao longo da vida. Por exemplo, aprende a se vestir e a calçar os sapatos, a escovar os dentes, a tomar banho, a trocar de roupa, a lavar as mãos etc.

> Hábitos de higiene, como tomar banho, lavar as mãos e escovar os dentes, são muito importantes para nossa saúde!

Em família, as crianças aprendem a cuidar de seus objetos pessoais e da casa.

Os familiares também ajudam as crianças a conhecerem os costumes da família: as crenças, as festas, o tipo de comida preferido e os hábitos de lazer.

Pais ensinando bebê a andar.

Família reunida na hora do almoço.

Eu aprendo com os amigos

Amigo é a pessoa que nos entende, que gosta de fazer atividades conosco e até com quem às vezes brigamos, mas sem nunca deixar de gostar.

Temos diferentes tipos de amigo. Eles podem ser os irmãos, os parentes, os vizinhos, os colegas de escola ou crianças que se conheceram no clube, no parque e em outros lugares.

Amigo pode ser criança, pode ser adulto.

Às vezes, os amigos têm os mesmos gostos e as mesmas preferências. Outras vezes, os amigos gostam de fazer coisas bem diferentes.

ILUSTRAÇÕES: JOSÉ LUIS JUHAS

Querido diário...

- Você tem amigos? Quem é seu melhor amigo?

ATIVIDADES

1 Observe as imagens a seguir e faça o que se pede.

ILUSTRAÇÕES: JOSÉ LUIS JUHAS

a) Circule o desenho que mostra a criança aprendendo com a família.

b) Pinte o desenho que mostra a criança aprendendo com os amigos.

2 Marque um **X** nos quadrinhos que indicam o que é mais comum aprender com os amigos.

☐ FALAR E COMER USANDO TALHERES.

☐ BRINCADEIRAS.

☐ DICAS PARA FAZER A LIÇÃO DE CASA.

☐ COMO SE COMPORTAR NA CASA DE OUTRAS PESSOAS.

☐ PALAVRAS EM LÍNGUA ESTRANGEIRA.

☐ JOGAR *VIDEOGAME*.

3 Complete as frases com o nome de dois amigos e com algo que você aprendeu com cada um deles.

Com meu amigo _____, aprendi a _____.

Com _____, aprendi a _____.

4 Escreva o nome da pessoa com quem você aprendeu a:

a) Ler: _____.

b) Andar de bicicleta: _____.

c) Amarrar os tênis: _____.

d) Comer com talheres: _____.

5 Ligue os lugares de aprender com o que se aprende.

ILUSTRAÇÕES: JOSÉ LUIS JUHAS

87

EU GOSTO DE APRENDER

Leia com o professor o que você aprendeu nesta lição.

- As crianças aprendem o tempo todo, em todos os lugares.
- Aprendemos em casa com a família.
- Aprende-se na escola com os professores, com os funcionários e com os colegas.
- Também é possível aprender com os amigos, durante as brincadeiras.
- Os espaços de aprendizado são diferentes.

ATIVIDADE

- Procure em revistas ou na internet imagens que representem crianças aprendendo com a família, com os professores e com os amigos e faça uma colagem nos espaços a seguir. Leia as legendas para colar no lugar certo.

Em casa, aprendemos com nossos familiares.

Na escola, aprendemos com os professores, com os funcionários e com os colegas.

No parque, na pracinha, no clube e até na escola, aprendemos com nossos amigos.

LEIA MAIS

NÃO QUERO MAIS BRINCAR

TANJA WENISCH. CURITIBA: FUNDAMENTO, 2015.

CONTA A HISTÓRIA DE AMIGOS MUITO DIFERENTES, CADA QUAL COM SEUS HÁBITOS E GOSTOS. ELES BRIGAM, MAS LOGO FAZEM AS PAZES, E TODOS APRENDEM MUITO.

EU GOSTO DE APRENDER MAIS

Como as crianças aprendiam no passado

Houve um tempo em que não havia muitas escolas no Brasil. Nessa época, apenas as crianças que pertenciam às famílias com melhores condições financeiras aprendiam a ler e a escrever.

Durante muito tempo, mesmo entre as crianças com melhores condições de vida, era bem comum que apenas os meninos fossem à escola. As meninas aprendiam em casa, com a mãe, com as irmãs mais velhas ou com uma professora contratada pela família. Essas meninas aprendiam também a bordar, a tocar piano e a cuidar da casa.

Enquanto isso, os filhos dos africanos escravizados trabalhavam nas plantações e nas colheitas e também ajudavam nos trabalhos domésticos na casa dos fazendeiros. Eles aprendiam com os pais e com outros adultos. Muitas vezes, sofriam duros castigos e violência.

As poucas escolas daquele tempo haviam sido fundadas pelos padres jesuítas. Nessas escolas, estudavam também algumas crianças indígenas, que deveriam aprender a falar a língua portuguesa e a se comportar como as crianças não indígenas.

Uma senhora brasileira em seu lar (1823), pintura do artista francês Jean-Baptiste Debret. Litografia aquarelada à mão, 16 cm × 22 cm.

JEAN-BAPTISTE DEBRET

ATIVIDADES

1 Marque a frase certa sobre o que fala o texto da página anterior.

☐ Conta apenas a história das crianças indígenas.

☐ Fala sobre o aprendizado das crianças brasileiras, há muito tempo.

2 No período descrito no texto, as meninas e os meninos brasileiros frequentavam escolas como atualmente? Justifique sua resposta.

_____

_____

3 O que as crianças escravizadas aprendiam?

_____

_____

4 Sublinhe a frase que explica o que as crianças indígenas aprendiam com os jesuítas.

Elas aprendiam tradições e costumes de suas aldeias.

Elas aprendiam a se vestir, a rezar, a falar português etc., igual às crianças não indígenas.

5 Será que as crianças de que fala o texto tinham tempo para brincar? Qual é a sua opinião? Sente-se com um colega e conversem sobre essa questão.

LIÇÃO 8
DATAS COMEMORATIVAS

Festas escolares

Na escola, você aprende muitas coisas e, além disso, precisa seguir algumas regras e alguns acordos de convivência, mas há sempre os momentos de diversão, nos quais você brinca e ri com seus amigos.

Na escola, você também deve ter participado de pelo menos uma festa, não é mesmo?

Em geral, nas escolas do Brasil, ao longo do ano, ocorrem algumas celebrações. Às vezes, a escola promove comemorações exclusivas para os alunos, mas há também as festas abertas à participação da família e da comunidade.

Essas festas celebram momentos especiais para a escola, para a comunidade, bem como para o país.

ATIVIDADE

- Ao longo deste ano, você deve ter participado de algumas comemorações na sua escola. Que tal preencher o calendário a seguir com as festas da escola? Você pode inserir, também, as datas de aniversário dos amigos e do professor. Vamos lá?

DATAS COMEMORATIVAS DA ESCOLA			
JANEIRO	FEVEREIRO	MARÇO	ABRIL
MAIO	JUNHO	JULHO	AGOSTO
SETEMBRO	OUTUBRO	NOVEMBRO	DEZEMBRO

Festas familiares

Além das festas da escola, você já deve ter participado de muitas festas familiares. Essas festas acontecem para celebrar momentos importantes na vida dos membros da família.

Aniversário e casamento, por exemplo, são datas comemoradas em família. Nessas ocasiões, costumamos convidar os amigos e os vizinhos.

Algumas famílias se reúnem em datas comemorativas ligadas às celebrações coletivas, como o Natal, uma festa religiosa, e o Ano-Novo, uma festa mundial que comemora a mudança de ano.

As reuniões familiares são momentos em que se fortalece o vínculo entre as pessoas. Nessas ocasiões, os mais velhos podem rememorar acontecimentos importantes ocorridos na família e compartilhar essas informações com os mais novos.

Quando um indígena morre, a aldeia onde ele vivia celebra sua lembrança, para que ele fique sempre na memória de todos. É então organizada uma festa que se chama Quarup. Essa festa tem música, dança e são servidos peixe e mingau de mandioca. Na foto, o tronco de árvore pintado representa uma pessoa falecida. Foto da década de 2010.

- Qual é a festa de que você mais gosta? Por quê?

Festas coletivas

São aquelas celebrações comemoradas por muitas pessoas. Há diversos tipos de festas coletivas. Elas podem ser religiosas, cívicas e populares.

Observe a seguir alguns exemplos:

As festas religiosas são ligadas às religiões, como o Círio de Nazaré, uma das maiores festas católicas do mundo. Ela ocorre todos os anos, no segundo domingo do mês de outubro, em Belém do Pará. Foto de 2017.

As festas cívicas são comemorações históricas e estão ligadas aos acontecimentos nacionais. Por exemplo, o Dia da Independência, que ocorre em 7 de setembro. Nessa data, há festas em várias cidades do Brasil. Foto de 2016.

As festas populares celebram manifestações da cultura brasileira. Algumas delas acontecem em várias partes do Brasil; é o caso, por exemplo, do Carnaval. Há festas populares, porém, que são locais, ou seja, acontecem apenas em uma única região ou cidade do país. Na foto, Carnaval em Recife, Pernambuco, 2018.

- Você conhece alguma festa popular que acontece apenas na sua cidade? Qual é ela?

ATIVIDADES

1 Como é o Carnaval na cidade onde você vive?

2 Você já participou de uma festa popular na sua cidade? Faça, no espaço abaixo, um desenho para representar uma festa popular.

LEIA MAIS

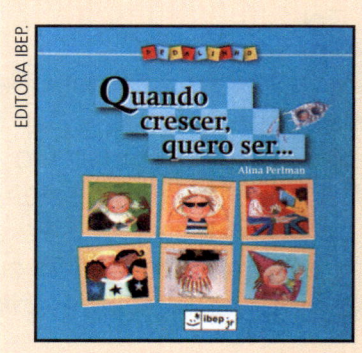

QUANDO CRESCER, QUERO SER...

ALINA PERLMAN. SÃO PAULO: IBEP JR., 2014.

"O QUE VOCÊ QUER SER QUANDO CRESCER?" LEVANTE A MÃO QUEM NUNCA OUVIU ESSA PERGUNTA! NESTE LIVRO, A TURMA JOGA CONVERSA FORA IMAGINANDO O FUTURO E SONHANDO ACORDADA.

EU GOSTO DE APRENDER

Revise o que você estudou nesta lição.

- Nas festas escolares são comemorados momentos especiais para a escola, para a comunidade e para o país.

- As festas familiares celebram momentos importantes ocorridos com os membros da família.

- As festas coletivas podem ser divididas em três tipos: religiosas, cívicas e populares.

ATIVIDADES

1. Observe as fotos a seguir. Elas retratam três festas populares brasileiras.

Boi de mamão, tradição folclórica mais antiga de Santa Catarina, principalmente nas regiões litorâneas.

O festival de Parintins é uma manifestação folclórica que ocorre no Amazonas, no mês de junho.

O Dia da Consciência Negra é celebrado em quase todo o país, no dia 20 de novembro.

a) Que tipo de festa coletiva é retratado em cada foto?

_____

b) Você conhece alguma dessas festas? Qual? Como você conhece essa festa?

_____

2 Pesquise em revistas ou na internet imagens de festas populares, cívicas ou religiosas e cole-as no espaço abaixo.

Coleção Eu gosto m@is

GEOGRAFIA

CÉLIA PASSOS
Cursou Pedagogia na Faculdade de Ciências Humanas de Olinda – PE, com licenciaturas em Educação Especial e Orientação Educacional. Professora do Ensino Fundamental e Médio (Magistério) e coordenadora escolar de 1978 a 1990.

ZENEIDE SILVA
Cursou Pedagogia na Universidade Católica de Pernambuco, com licenciatura em Supervisão Escolar. Pós-graduada em Literatura Infantil. Mestra em Formação de Educador pela Universidade Isla, Vila de Nova Gaia, Portugal. Assessora Pedagógica, professora do Ensino Fundamental e supervisora escolar desde 1986.

5ª edição
São Paulo
2022

1º ANO
ENSINO FUNDAMENTAL

IBEP

SUMÁRIO

LIÇÃO		PÁGINA
1	**Eu e os lugares onde vivo**.............................	**102**
	• Como é o lugar onde moro.......................	104
	• Outros lugares nos quais convivo	106
	• Lugares diferentes daqueles dos quais convivo..	108
	• Todas as crianças comem as mesmas comidas?..	109
	• O modo de se vestir não é igual	111
	• Eu cuido de um animal	114
2	**Brincadeiras**...	**119**
	• Conviver com as regras	123
	• Mamba, brincadeira da África	130
3	**Eu e os objetos ao meu redor**......................	**132**
	• Direita, esquerda......................................	133
	• Frente, atrás, entre, perto, longe.............	136
	• O que é ser canhoto?................................	141
4	**Minha moradia**	**143**
	• Tipos de moradia	145
	• A construção da moradia	147
	• Os espaços da moradia	149
	• Modos diferentes de construir moradias..	153

LIÇÃO		PÁGINA
5	**Minha escola**	**155**
	• Os espaços da escola	157
	• A sala de aula	158
	• O meu lugar na sala de aula	158
	• Ser cidadão é ter direitos e cumprir deveres	165
6	**O caminho para a escola**	**168**
	• Orientação no trânsito	175
	• Caminhos para a escola em muitos lugares	180
7	**As diferentes paisagens**	**182**
	• A modificação da paisagem e os problemas ambientais	186
	• As pessoas e as paisagens	186
	• Cuidar do planeta Água	190
8	**As condições do clima e o meu dia a dia**	**192**
	• As estações do ano	193
	• Calor, frio e chuva	199

ALMANAQUE **201**

ADESIVO **213**

LIÇÃO 1

EU E OS LUGARES ONDE VIVO

Observe a imagem a seguir.

Você provavelmente vive com sua família em uma moradia.

O tipo de relação entre as pessoas que vivem nas diferentes moradias pode variar bastante.

Em algumas casas moram apenas os pais e seus filhos. Há famílias com grande número de filhos, mas também há famílias com apenas um filho.

Mãe com seus três filhos em frente ao condomínio onde moram. Bahia, 2020.

Família composta por muitas pessoas.

Júlio mora com os pais. Eles se chamam Rebeca e Gustavo.

Há famílias que conseguem realizar diferentes atividades do dia a dia em conjunto, como ir ao mercado.

Algumas moradias podem ser compartilhadas por diferentes membros de uma mesma família ou até mesmo por pessoas de famílias diferentes.

ATIVIDADES

1 Desenhe sua família.

2 Assinale quais atividades você faz e gosta de realizar no lugar onde mora.

Como é o lugar onde moro

Você provavelmente conhece bem o lugar onde mora, não é verdade? Sabe como é sua rua, sua moradia e qual é o caminho que faz para ir à escola.

Nas imagens a seguir, são apresentados vários tipos de locais. Ruas com casas bem próximas umas das outras; ruas com prédios de apartamentos; ruas estreitas; ruas largas. Observe atentamente tudo que tem nesses lugares.

Rua com prédios de apartamentos.

Rua com casas bem próximas umas das outras.

Rua larga com tráfego de ônibus.

Rua com comércio e prédios de apartamentos.

IMAGENS: SHUTTERSTOCK

104

ATIVIDADES

1 O lugar onde você vive é parecido com algum das imagens?

☐ SIM.   ☐ NÃO.

2 Assinale as características do lugar onde você mora.

☐ TEM GRADES NAS JANELAS.   ☐ NÃO TEM GRADES NAS JANELAS.

☐ A RUA É ESTREITA.   ☐ A RUA É LARGA.

☐ ESCUTO PASSARINHOS CANTANDO.   ☐ NÃO ESCUTO PASSARINHOS CANTANDO.

☐ O LUGAR TEM BASTANTE BARULHO.   ☐ O LUGAR É SILENCIOSO.

☐ VEJO ÁRVORES DA JANELA DE ONDE MORO.   ☐ NÃO VEJO ÁRVORES DA JANELA DE ONDE MORO.

☐ POSSO BRINCAR NA RUA.   ☐ NÃO POSSO BRINCAR NA RUA.

☐ É UMA CASA.   ☐ É UM APARTAMENTO.

☐ É OUTRO TIPO DE MORADIA.

3 Desenhe o lugar onde você mora.

Outros lugares nos quais convivo

Além do lugar onde você mora, há outros nos quais você convive.

A escola, por exemplo, é um deles.

No espaço da escola, convivemos com várias pessoas: os professores, os amigos, as pessoas que trabalham lá.

Crianças brincam na escola.

Há também lugares que frequentamos e nos quais convivemos com outras pessoas, como parques, praças, áreas de lazer dos prédios.

Em cada um desses lugares fazemos atividades diferentes, conhecemos pessoas, convivemos com amigos.

Pracinha com crianças brincando.

ATIVIDADES

1 Que lugares você frequenta além de sua casa e de sua escola?

☐ PARQUE.

☐ PRAÇA.

☐ ÁREA DE LAZER DO PRÉDIO.

☐ CASA DOS FAMILIARES.

☐ CLUBE.

2 Nos locais que você frequenta, o que você costuma fazer?

☐ BRINCAR.   ☐ PRATICAR ESPORTES.

☐ ESTUDAR.   ☐ OUTRAS ATIVIDADES.

☐ COMER.

3 As pessoas que frequentam esses lugares nos quais você convive:

a) fazem as mesmas coisas que você?

☐ SIM.   ☐ NÃO.

b) se vestem como você?

☐ SIM.   ☐ NÃO.

c) se alimentam como você?

☐ SIM.   ☐ NÃO.

Lugares diferentes daqueles dos quais convivo

Mas o nosso planeta é enorme e existem muitos lugares bem mais distantes de onde você mora. Existem outras cidades, outros estados, outros países.

Será que nesses lugares diferentes as pessoas têm os mesmos costumes que os seus? Será que as crianças comem as mesmas comidas que você? Será que elas se vestem como você? Brincam com os mesmos brinquedos?

Vamos descobrir.

Olhe estas imagens. O que elas mostram?

IMAGENS: SHUTTERSTOCK

Crianças brincam com água, Indonésia, 2019.

Avó com netos em área rural, Peru, 2020.

Mãe com seus filhos na varanda da casa, África, 2020.

Crianças se preparam para jogar criquete, Índia, 2020.

108

Todas as crianças comem as mesmas comidas?

Cada país tem suas comidas típicas.

Comida típica é aquela a que o povo está acostumado e que é característica daquele lugar.

No Brasil, a comida típica é o arroz com feijão, acompanhado por uma "mistura", que pode ser carne, ovo ou legumes, por exemplo.

No nosso planeta há muitos lugares e os costumes das pessoas variam conforme esses lugares. No Japão e na China, por exemplo, o arroz é um alimento bastante presente nas refeições. Entretanto, há países onde raramente se come arroz, dando preferência para batatas e pão. Em outros lugares, consome-se muita carne de vaca, como na Argentina; em outros, a vaca é um animal sagrado, por isso não se come a sua carne, como na Índia.

Prato típico brasileiro, com arroz e feijão.

Na Alemanha e em outros países a batata e o pão substituem o arroz.

No Japão, o arroz faz parte das refeições.

Na Argentina é comum a carne acompanhada de salada.

Essas diferenças de lugar para lugar acontecem por causa da história de cada povo. Os hábitos alimentares foram se formando ao longo dos anos.

No Brasil, de uma região para outra, as comidas também variam muito. Quando pessoas de outros países **vêm** morar no nosso país, a alimentação também **recebe** a influência desses povos.

As comidas e os pratos típicos variam de acordo com cada região do Brasil.

É muito importante que as crianças de todos os lugares aprendam a se alimentar de modo saudável. Elas precisam de comidas que as ajudem no crescimento e na manutenção da saúde. Por isso, devem evitar comer muitos doces, alimentos gordurosos e pouco nutritivos, isto é, que não contêm vitaminas, minerais ou outros elementos importantes para o organismo.

Uma alimentação saudável deve incluir frutas, verduras e legumes.

O modo de se vestir não é igual

Assim como as comidas variam de um lugar para outro, o modo de se vestir também muda.

Há lugares no mundo onde faz muito frio no inverno, então as pessoas precisam usar roupas quentes, como casacos, suéteres de lã, calças, sapatos forrados e botas. Já em lugares onde sempre faz muito calor, mesmo no inverno, as pessoas usam roupas leves e frescas.

Crianças brincando em lugar frio. Canadá, 2021.

Criança indígena brinca na água. Tocantins, 2019.

IMAGENS: SHUTTERSTOCK

No Brasil, um país muito extenso, há diferenças no modo de se vestir de uma região para outra, variando de acordo com o clima. No Norte, no Nordeste e no Centro-Oeste, as pessoas raramente usam roupas de frio, porque dificilmente as temperaturas são baixas. Já no Sudeste e no Sul, durante o inverno, pode fazer muito frio, obrigando as pessoas a se agasalharem mais.

No verão, é comum o lazer em rios e praias. Crianças indígenas da etnia Yawalapiti, Gaúcha do Norte, Mato Grosso, 2013. RENATO SOARES/PULSAR IMAGENS

No inverno, as crianças brincam também, porém estão sempre mais agasalhadas. Santa Maria, Rio Grande do Sul, 2014. GERSON GERLOFF/PULSAR IMAGENS

ATIVIDADES

1 Marque as frases corretas com um **X**.

☐ O MODO DE SE ALIMENTAR DAS PESSOAS PODE VARIAR DE UM LUGAR PARA OUTRO.

☐ O ARROZ COM FEIJÃO É UM PRATO APRECIADO EM TODOS OS PAÍSES DO PLANETA.

☐ TODAS AS PESSOAS PRECISAM SE ALIMENTAR BEM PARA TER SAÚDE.

☐ NA ÍNDIA, A POPULAÇÃO PREFERE PRATOS QUE TENHAM CARNE DE VACA.

2 Pense e responda: no Brasil, o modo de se alimentar é sempre o mesmo no país inteiro? Explique.

_____

_____

3 Pense nas comidas de que você mais gosta e escreva cinco exemplos.

_____

_____

4 Algum desses alimentos que você escreveu é um prato típico da sua região? Qual?

_____

5 Você leu que os hábitos alimentares das pessoas de um lugar são formados ao longo do tempo. No Brasil, aprendemos a comer muitas coisas diferentes com pessoas de outros países que vêm morar aqui. Será que você consegue descobrir a origem de cada uma das comidas citadas a seguir? Utilize os adesivos do final do livro e cole as palavras indicando corretamente o nome de cada comida e o povo que a trouxe para o nosso país.

FIGURA	NOME DA COMIDA	NOME DO POVO

IMAGENS: SHUTTERSTOCK

Eu cuido de um animal

IMAGENS: SHUTTERSTOCK

Além de estudar, brincar, ajudar os parentes em casa, muitas crianças também cuidam de um animalzinho de estimação.

Os animais, há milhares de anos, não eram **domesticados**, isto é, não conviviam com os seres humanos. Mas, com o passar do tempo, as pessoas foram conquistando esses animais selvagens e eles passaram a conviver com os seres humanos por exemplo, gatos, cachorros, cavalos, porcos, ovelhas.

Os gatos sempre foram importantes, porque cuidavam dos depósitos de cereais, impedindo que ratos e outros roedores atacassem a comida armazenada.

Os cães passaram a ajudar os seres humanos a caçar, a cuidar do gado e a defender as moradias de ataques de outros animais ou mesmo de ladrões.

Depois, quando esse tempo passou, os animais continuaram convivendo com as pessoas como amigos e companheiros.

Embora os animais de estimação normalmente sejam cachorros e gatos, há pessoas que cuidam de outras espécies, como aves, porquinhos, *hamsters* e tartarugas.

Mas atenção! No Brasil, para ter certos animais em casa, como papagaios ou outras aves, a pessoa precisa de uma licença especial de um órgão chamado Ibama, que quer dizer Instituto Brasileiro do Meio Ambiente.

Ter um animal de estimação exige muita responsabilidade. O tutor do animal precisa cuidar de sua saúde, não pode maltratá--lo, tem de alimentá-lo direito etc.

ATIVIDADES

1 Você tem animal de estimação? Qual é? Qual é o nome dele?

_____

_____

_____

2 Você conhece alguém que tem um animal de estimação diferente? Quem? Que animal é?

_____

_____

_____

3 Complete as frases com as palavras corretas.

MALTRATAR   CUIDAR   ALIMENTAR

a) Para ter um animal de estimação é preciso _____ dele.

b) Há leis que punem quem _____ animais.

c) Além de abrigo e água, é preciso _____ os animais de estimação.

4 Com a ajuda de seus familiares, pesquise na internet alguma lei contra maus-tratos de animais. Depois, em sala de aula, converse com seus colegas a respeito.

EU GOSTO DE APRENDER

Com o professor, leia o que você estudou nesta lição.

- Características do lugar onde vivo.

- Existem outros lugares nos quais convivo além de onde moro.

- Em cada lugar no qual convivo pratico atividades diferentes que caracterizam meu modo de viver.

- Existem modos diferentes de morar, de se vestir e de se alimentar em outros lugares do mundo.

- Comida típica é aquela característica de um lugar, como arroz com feijão no Brasil.

- As pessoas precisam ter hábitos alimentares saudáveis, isto é, comer coisas que fazem bem para a saúde.

- Muitas pessoas cuidam de animais de estimação, como gatos, cachorros, *hamsters*, tartarugas etc.

ATIVIDADES

1 Liste aquilo que você gosta do lugar onde vive.

_____
_____
_____
_____

2 Quais os outros lugares nos quais você convive de que você gosta? Por quê?

_____
_____
_____

3 Marque com um **X** tudo que varia de um lugar para outro, conforme os costumes de um povo.

☐ NECESSIDADE DE SE ALIMENTAR E DE DORMIR.

☐ MANEIRAS DE BRINCAR E BRINQUEDOS.

☐ MODOS DE SE VESTIR.

☐ NECESSIDADE DE AS CRIANÇAS ESTUDAREM.

☐ MODOS DE SE ALIMENTAR E GOSTO POR CERTAS COMIDAS.

4 Escreva o nome de dois povos que gostam muito de arroz.

_____
_____
_____
_____

EU GOSTO DE APRENDER MAIS

Veja a tirinha do *Menino Maluquinho* a seguir.

1 O que o Menino Maluquinho quer?

_____

2 É possível ter um animal de estimação onde ele mora?

☐ SIM.   ☐ NÃO.

3 O que a mãe do Menino Maluquinho responde para ele é uma regra?

☐ SIM.   ☐ NÃO.

4 Por que ele quer esconder o animal no "chapéu"?

_____

_____

5 Se o Menino Maluquinho ficasse com o animal, como seria a expressão da mãe dele:

☐ 😆   ☐ 😮   ☐ 😢   ☐ 😠

LIÇÃO 2

BRINCADEIRAS

Observe as imagens.

ILUSTRAÇÕES: LU KOBAYASHI

As imagens mostram crianças realizando diversas atividades. Algumas delas estão relacionadas com atividades de rotina, como estudar, dormir e se alimentar. Outras, entretanto, têm a ver com um momento muito importante da infância: as brincadeiras, pois elas divertem.

Existem muitas brincadeiras que as crianças praticam. Elas podem brincar de bola, pega-pega, amarelinha, pular corda, formar figuras observando nuvens etc.

Veja quantas brincadeiras o artista Ricardo Ferrari pintou na tela a seguir.

Brincadeiras de criança (s.d.), de Ricardo Ferrari. Óleo sobre tela, 120 cm × 190 cm.

Muitas brincadeiras existem há muitos anos. Nós as aprendemos com quem convivemos, por exemplo, nossos pais, avós, primos, amigos e na escola.

Nossos pais nos ensinam muitas brincadeiras.

Também aprendemos a brincar com nossos amigos.

Existem brincadeiras que podemos fazer sozinhos; outras, com os colegas. Elas também podem acontecer na rua, nos parques, nas praças e dentro de casa.

Criança brincando de fazer bolinha de sabão.

Meninas brincam de bambolê ao ar livre.

Crianças brincando de desenhar.

Às vezes uma brincadeira tem nomes diferentes. Por exemplo, papagaio, pandorga, arraia, cafifa ou pipa são alguns nomes, no Brasil, do brinquedo feito de papel fino e varetas leves de madeira para formar uma estrutura colada, na qual se amarra um carretel de linha com a finalidade de fazê-la voar com o vento.

Empinar pipa é uma brincadeira bem antiga e agrada às crianças e aos adultos também. Não é uma brincadeira que se pode fazer em todos os lugares, porque precisa de locais abertos, em que há a possibilidade de ventar e não exista obstáculos por perto – árvores, fiação elétrica etc. – para a pipa enroscar.

Todas as brincadeiras têm um jeito de brincar. Vamos conhecer algumas brincadeiras de perto.

Criança empinando pipa.

BRINCADEIRA DE RODA

BRINCAR DE RODA É SEMPRE UMA ALEGRIA, PORQUE CANTAMOS, FAZEMOS GESTOS, DAMOS AS MÃOS E DANÇAMOS. NELA HÁ POUCAS REGRAS. É UM MOMENTO DE INTERAGIR COM OS OUTROS.

AMARELINHA, MACACA, MARÉ, SAPATA, CARACOL

A BRINCADEIRA COMEÇA COM O DESENHO NO CHÃO DAS CASAS NUMERADAS DE 1 A 10. HÁ VÁRIOS DESENHOS POSSÍVEIS. O JOGADOR COMEÇA O TRAJETO PELO NÚMERO 1, PULANDO COM UM PÉ SÓ. O PÉ ESCOLHIDO PARA PULAR DEVE SER O MESMO ATÉ O FINAL DAS CASAS. NÃO SE PODE PISAR NAS LINHAS E NEM FORA DAS CASAS. AO CHEGAR NO FINAL, O JOGADOR PODE COLOCAR OS DOIS PÉS NO CHÃO, MAS DEVE VOLTAR PULANDO TAMBÉM COM UM PÉ SÓ. QUEM CONSEGUE IR E VOLTAR PULANDO, ESCOLHE UMA CASA E DESENHA NELA. ESSA CASA FICA SENDO DELE E NENHUM OUTRO JOGADOR PODE PISAR NELA. O GANHADOR É AQUELE QUE CONSEGUE DESENHAR EM UM MAIOR NÚMERO DE CASAS.

PIÃO

É UMA BRINCADEIRA QUE SE FAZ COM UM OBJETO QUE GIRA NO CHÃO, DEPOIS QUE ENROLAMOS NELE UM CORDÃO, CHAMADO FIERA. OS PIÕES SÃO GERALMENTE FEITOS DE MADEIRA COM UMA PONTEIRA DE FERRO NA PONTA. É PRECISO TREINO PARA JOGAR O PIÃO E ELE BATER NO CHÃO E RODAR, RODAR, RODAR. TUDO DEPENDE DA HABILIDADE DO JOGADOR NESSA MANOBRA.

ILUSTRAÇÕES: BRUNO BADAIN

Assim como a ciranda, a amarelinha e o jogo de pião, outras brincadeiras também têm um jeito de brincar que seguem etapas e desafios que precisam ser cumpridos por quem brinca. Essas etapas e desafios são as chamadas **regras**.

As regras de uma mesma brincadeira podem variar de um lugar para outro. Na Alemanha, por exemplo, existe uma variação do esconde-esconde. Nela, apenas uma criança se esconde e as outras é que vão procurá-la. Mas não existe brincadeira sem regra, pois são elas que nos dizem como brincar.

> Com as brincadeiras aprendemos a conviver com as regras.

Conviver com as regras

Além das brincadeiras, existem outras situações e lugares onde as regras também são importantes.

Na convivência com os colegas da escola.

Na escola.

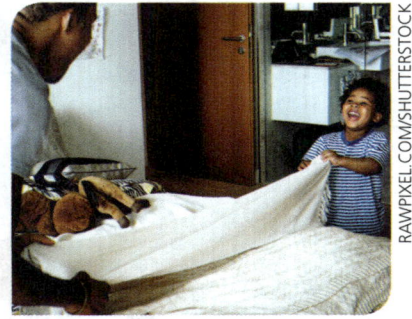

Na convivência em casa com os familiares.

Na convivência com os vizinhos.

Nos meios de transporte.

No trânsito.

123

Na escola precisamos seguir determinadas regras para a organização do lugar. Por isso existe o sinal para o começo das aulas, para a hora do intervalo e para o horário da saída. Existe ainda a formação de fila em determinadas situações.

No ambiente familiar também temos regras para seguir, pois são elas que garantem o respeito entre todos os membros da família.

Nos meios de transporte coletivo e no trânsito também seguimos regras. No trânsito, especialmente, as regras são fundamentais para que os veículos não colidam uns com os outros e não atropelem as pessoas.

ATIVIDADES

1. Observe as cenas e assinale o que você gosta de fazer.

ILUSTRAÇÕES: BRUNO BADAIN

2 Assinale as brincadeiras que você conhece.

- ☐ EMPINAR PIPA.
- ☐ PULAR CORDA.
- ☐ AMARELINHA.
- ☐ ESCONDE-ESCONDE.
- ☐ JOGAR BOLA.
- ☐ JOGO DE DAMAS.
- ☐ CABO DE FORÇA.
- ☐ ANDAR DE BICICLETA.
- ☐ CABRA-CEGA.
- ☐ FAZER CASTELO NA AREIA.
- ☐ *VIDEOGAME.*
- ☐ BOLINHA DE SABÃO.

3 Desenhe a brincadeira que você mais gosta de fazer?

4 Onde você mais gosta de brincar?

- ☐ DENTRO DE CASA.
- ☐ FORA DE CASA.

5 Escreva o nome de um amigo com quem você brinca sempre.

_____

6 Escreva o nome de um colega da escola com quem você gosta de brincar.

_____

7 Você conhece a história dos brinquedos? Siga as pistas e adivinhe quais são os brinquedos a seguir.

| BICICLETA | BOLA | BONECA | *VIDEOGAME* |

a) Ela tem duas rodas e pode ser de várias cores. Foi inventada por Leonardo da Vinci e as primeiras eram feitas de madeira.

_____

b) Com esse brinquedo temos acesso a jogos eletrônicos. O primeiro deles foi inventado em 1968 nos Estados Unidos.

_____

c) É um dos brinquedos mais antigos que existe. Pode ser de papel, plástico, couro, tecido e muitos outros materiais. É usado em vários jogos, inclusive no futebol.

_____

d) Pode ser feita de pano, palha de milho, plástico, vinil etc. Antigamente era feita de louça.

_____

8 As regras são importantes nas brincadeiras?

☐ SIM. ☐ NÃO.

9 Em que outras situações as regras devem ser respeitadas? Marque com um **X**.

☐ AO ATRAVESSAR A RUA.

☐ AO PEDIR A VEZ DE FALAR.

☐ AO PRATICAR ESPORTES.

☐ AO VESTIR A ROUPA.

☐ AO ACORDAR PELA MANHÃ.

☐ AO IR DORMIR.

☐ AO ESCOVAR OS DENTES.

10 Encontre no quadro o nome dos brinquedos e das brincadeiras da coluna.

PEGA-PEGA

SKATE

XADREZ

GUDE

AMARELINHA

CABRA-CEGA

PIPA

A	I	N	K	O	H	C	R	I	P	A	Z
X	A	D	R	E	Z	A	P	H	C	M	B
S	L	G	U	B	G	B	T	P	N	A	O
U	P	R	Z	Q	S	R	D	I	O	R	V
J	G	U	D	E	M	A	X	P	Z	E	I
M	S	D	J	K	U	-	E	A	T	L	A
F	X	L	B	T	R	C	T	H	U	I	G
P	E	G	A	-	P	E	G	A	X	N	J
A	Q	M	E	R	V	G	V	K	F	H	Q
L	N	F	C	S	K	A	T	E	X	A	C

11 Vamos identificar as brincadeiras? Observe as imagens e escreva que brincadeiras as crianças estão fazendo.

EU GOSTO DE APRENDER

Nesta lição você estudou:

- As brincadeiras são um momento de diversão.
- Aprendemos a brincar com quem convivemos.
- Existem brincadeiras individuais e coletivas.
- Há lugares específicos para cada tipo de brincadeira.
- Uma mesma brincadeira pode ter nomes ou regras diferentes de um lugar para outro.
- Todas as brincadeiras têm regras.
- Existem outras situações em que as regras são necessárias, como no convívio familiar, na escola e no trânsito.

ATIVIDADES

1 De que brincadeira você gosta e queria brincar mais?

_____

2 Assinale com um **X** o que você considera uma regra:

a) JOGAR LIXO NO LIXO. ☐

b) PEDIR EMPRESTADO UMA COISA A UM COLEGA. ☐

c) DIZER POR FAVOR QUANDO QUER QUE ALGUÉM LHE FAÇA UMA COISA. ☐

d) FALAR OBRIGADO QUANDO ALGUÉM LHE FAZ UMA COISA. ☐

EU GOSTO DE APRENDER MAIS

Mamba, brincadeira da África

Vários povos africanos que foram trazidos para nosso país e escravizados trouxeram consigo seus costumes e suas tradições, entre os quais havia brincadeiras infantis.

A mamba é uma dessas brincadeiras. Ela é uma espécie de pega-pega.

O nome da brincadeira é uma referência ao de uma cobra que existe na África. Quem for o pegador da brincadeira, é chamado de mamba.

Para brincar, é preciso traçar um espaço marcado com giz no chão. Os jogadores, exceto a mamba, ficam dentro desse espaço. A mamba fica do lado de fora tentando pegar os jogadores. Os que são pegos, passam a fazer parte do "corpo da cobra", como um trenzinho, mas não podem pegar os jogadores que ainda estão dentro do espaço. A brincadeira acaba quando todos forem pegos.

ATIVIDADES COMPLEMENTARES

1 Qual é o assunto desse texto?

_____

_____

2 Qual é o nome da brincadeira africana citada no texto?

_____

_____

3 Você conhece uma brincadeira parecida com essa?

_____

_____

LEIA MAIS

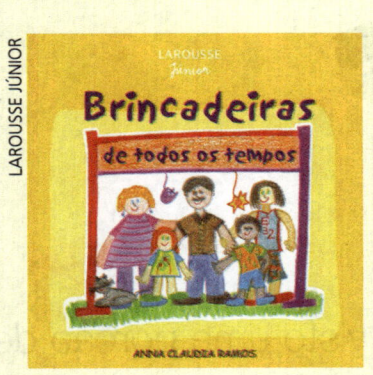

Brincadeiras de todos os tempos

Claudia Ramos. São Paulo: Larousse Júnior, 2006.

O livro revela como pode ser divertido quando avós e netos se encontram para brincar, mostrando brincadeiras de épocas distintas e amizade entre crianças e pessoas da terceira idade.

LIÇÃO 3
EU E OS OBJETOS AO MEU REDOR

As crianças estão em um momento de lazer. Algumas estão jogando, inclusive. Você sabe que em muitos jogos de tabuleiro precisamos ficar atentos aos percursos que fazemos e para que lado andamos com nossos peões. Na montagem de um quebra-cabeça também, porque precisamos ter atenção aos lados que encaixam as peças. Essa atenção a tudo que está a nossa volta é importante também para a percepção da nossa localização.

Agora olhe para os lados. Você deve ter visto uma porção de coisas: seu professor, seus colegas, as paredes, as carteiras e outros objetos de sua sala de aula.

E você consegue saber a posição de cada um a partir do lugar onde está, ou seja, a partir da localização do seu corpo.

Direita, esquerda...

Todos nós temos um corpo. E nosso corpo tem dois lados: o **lado direito** e o **lado esquerdo**. Quer ver? Então, olhe-se no espelho.

Agora, que tal conhecer os dois lados de seu corpo? É só seguir as instruções do professor:

- coloque a mão direita em sua orelha esquerda;
- feche o olho esquerdo;
- coloque sua mão esquerda sobre o joelho direito;
- cruze sua perna direita sobre a perna esquerda.

ATIVIDADES

1 Escreva o nome de três objetos que estão ao seu redor.

_____
_____
_____

2 Em que posição estão esses objetos: atrás de você, na sua frente ou em um dos lados? Qual lado?

_____
_____
_____
_____

3 No espaço a seguir, faça o contorno da mão com a qual você escreve.

- Agora, responda: para escrever, você utiliza a mão:

☐ DIREITA.   ☐ ESQUERDA.

No dia a dia, você observa diferentes pessoas, objetos, locais etc. É possível saber onde eles estão, dependendo da posição deles em relação a você. Veja os exemplos a seguir.

JOSÉ LUIS JUHAS

O menino foi à praça e vê a árvore do seu lado direito e o banco do lado esquerdo.

Agora ele mudou de posição e vê a árvore do seu lado esquerdo e o banco do direito.

ATIVIDADES

Observe as crianças a seguir.

ANA.   PEDRO.   JOÃO.   CARLA.   VIVIAN.

Do seu ponto de vista, responda:

a) Quem está à **esquerda** de **João**?

_____

b) Quem está à **direita** de **Ana**?

_____

c) Quem está à **esquerda** de **todos**?

_____

d) Quem está à **direita** de **todos**?

_____

e) Quem está à **direita** de **Pedro**?

_____

Frente, atrás, entre, perto, longe...

Além de direita e esquerda, há outras formas de indicar a posição dos objetos, das construções, das pessoas etc. Veja alguns exemplos.

Na imagem acima, podemos observar que
- Júlio está **à frente** de Bia.
- A janela está **atrás** de Bia.
- Laura está **acima** de Bia e de Júlio.
- A estante de livros e brinquedos está **embaixo** de Laura.

ATIVIDADES

1 Que outras posições você consegue observar na imagem?

_____
_____
_____
_____

2 Agora, veja esta cena.

Nela, você pode indicar a posição das coisas de outra forma.
- O poste está **entre** o menino e o cachorro.
- A casa 17 está **perto** das árvores.
- A casa 21 está **longe** das árvores.

Como você observou, há diferentes formas de indicar a posição das pessoas, dos objetos, das construções etc.

Quanto mais informações disponíveis sobre a posição das coisas, maior é a facilidade de localizá-las.

3 Continue observando a cena e complete as frases.

a) O banco está _____ (**perto/longe**) da casa 17.

b) O cachorro está _____ (**perto/entre**) as casas 17 e 21.

c) O menino está _____ (**perto/longe**) da casa 17.

4 Adivinhe quem é?

ANA.   IVO.   HUGO.   LIA.   ANDRÉ.   LAÍS.

a) Do seu ponto de vista, quem está à **direita** de **Ivo**?

_____

b) Do seu ponto de vista, quem está **no canto esquerdo**?

_____

c) Do seu ponto de vista, quem está à **esquerda** de **Laís**?

_____

d) Do seu ponto de vista, quem está à **direita** de **Hugo**?

_____

e) Do seu ponto de vista, quem está à **esquerda** de **Lia**?

_____

EU GOSTO DE APRENDER

Acompanhe a leitura do que você aprendeu nesta lição.

- Nosso corpo tem o lado direito e o lado esquerdo.

- Os objetos e as pessoas podem ficar na frente, atrás, perto ou longe a partir da localização de determinado ponto.

- Podemos ficar dentro ou fora de algum lugar.

- E também podemos ficar entre duas pessoas, entre dois objetos etc.

ATIVIDADES

1 Sigam o comando do professor.

a) Levantem o braço direito!

b) Levantem o braço esquerdo!

c) Apontem o quadro de giz em frente!

d) Virem-se para trás!

2 Observe seus colegas e escreva o nome daquele que

a) está mais **perto** de você.

_____

b) está mais **longe** de você.

_____

3 Coloque três objetos de sua mochila sobre a carteira, bem alinhados. Responda às questões a seguir.

a) Qual objeto está à **esquerda**?
_____

b) Qual objeto está à **direita**?
_____

c) Qual objeto ficou **entre** o da esquerda e o da direita?
_____

4 Leia estes versos e depois responda às questões:

> TIREI O SAPATO DIREITO,
> TIREI A MEIA DIREITA,
> TIREI O SAPATO ESQUERDO,
> TIREI A MEIA ESQUERDA.
>
> CALCEI O SAPATO DIREITO... UI, ERREI,
> POIS O SAPATO DIREITO
> FOI PARA O PÉ ESQUERDO!
>
> CALCEI A MEIA DIREITA
> E DESTA VEZ ACERTEI,
> POIS O PÉ DIREITO
> ESTAVA SEM O SAPATO DIREITO
>
> UI, QUE CONFUSÃO!

a) Qual foi o erro do personagem?
_____

b) Qual foi o acerto do personagem?
_____

EU GOSTO DE APRENDER MAIS

O que é ser canhoto?

Você escreve com a mão direita ou com a mão esquerda?
Se você escreve com a mão direita, você é **destro**.
Se você escreve com a mão esquerda, você é **canhoto**.
Há pessoas que conseguem fazer tudo tanto com a mão direita como com a mão esquerda. Elas são chamadas de **ambidestras**.

No passado, as pessoas canhotas precisavam aprender a fazer tudo com a mão direita, porque usar a mão esquerda era considerado errado. Atualmente, não se pensa mais assim, e os canhotos, inclusive, já têm certos objetos feitos especialmente para eles, como tesoura e *mouse*.

ATIVIDADES COMPLEMENTARES

1 Marque com um **X** a frase certa.

☐ QUEM ESCREVE COM A MÃO DIREITA É CANHOTO.

☐ ANTIGAMENTE, AS PESSOAS CANHOTAS TINHAM DE APRENDER A USAR A OUTRA MÃO.

☐ JÁ EXISTEM OBJETOS FEITOS PARA CANHOTOS.

☐ NINGUÉM CONSEGUE FAZER COISAS COM AS DUAS MÃOS DA MESMA MANEIRA.

2 Vamos colorir? Observe os desenhos e pinte o que for solicitado.

a) Pinte o cachorrinho que está de **costas**.

b) Pinte a casa que está **entre** a casa da direita e a da esquerda.

LEIA MAIS

À esquerda, à direita

Jimmy Liao. São Paulo: Edições SM, 2012.

Um casal de jovens que nunca se encontra na cidade: um sempre vai à direita, o outro sempre vai à esquerda...

LIÇÃO 4

MINHA MORADIA

Com a ajuda do professor, leia o poema a seguir.

A TARTARUGA

A SENHORA TARTARUGA
POSSUI CASA E MOBÍLIA,
UMA HERANÇA DE FAMÍLIA
QUE NÃO VENDE NEM ALUGA.

PARA ELA NÃO TEM PREÇO
QUE PAGUE O QUE TANTO GOSTA,
E ATÉ CARREGA NAS COSTAS
PRA NÃO PERDER O ENDEREÇO.

NUNCA TEVE UMA GOTEIRA,
NÃO PRECISA DE PINTURA
SEM NENHUMA RACHADURA,
DURA MAIS QUE A VIDA INTEIRA.

DESSA FORMA, A TARTARUGA
AOS PEDIDOS NÃO ATENDE:
SUA CASA ELA NÃO VENDE,
NÃO EMPRESTA E NÃO ALUGA.

MARIA AUGUSTA DE MEDEIROS.
O QUINTAL DE SÃO FRANCISCO:
POESIAS PARA AS CRIANÇAS.
SÃO PAULO: PAULINAS, 2004.
(COLEÇÃO ESTRELA).

ATIVIDADES

1 Quais são as semelhanças entre a casa da senhora Tartaruga e a casa onde você vive?

_____

_____

2 E quais são as diferenças entre a casa da senhora Tartaruga e sua casa?

_____

_____

3 Desenhe sua moradia.

Tipos de moradia

A moradia também é chamada casa, residência ou lar.

Todas as pessoas precisam de **moradia**, pois é um lugar de proteção contra o frio, o calor, a chuva e alguns perigos.

Nela, as pessoas descansam, alimentam-se, tomam banho, divertem-se e convivem com os familiares.

As moradias podem ser bem diferentes: grandes, pequenas, novas, antigas, localizadas na cidade ou no campo. Que tal conhecer algumas delas?

Foto de moradia térrea. Rio Grande do Norte, 2014.

A moradia de dois andares é conhecida como sobrado. São Paulo, 2011.

Foto de moradia de população ribeirinha, que vive nas margens de rios. Amazonas, 2014.

Foto de moradia indígena, s.l., s.d.

Foto de moradias com mais de dois andares são conhecidas como prédios ou edifícios. Goiás.

Foto de moradia em área rural. Rio Grande do Sul, 2014.

Foto de autoconstruções – são moradias que, geralmente, ocupam áreas irregulares ou de risco. Rio de Janeiro, 2013.

Foto de casa de pau a pique, cujas paredes são feitas de trama de ripas cobertas de barro. Paraíba, 2011.

ATIVIDADES

1 Como é sua moradia? Marque com um **X** as alternativas com características encontradas em sua moradia.

☐ MODERNA.

☐ AREJADA.

☐ ANTIGA.

☐ ILUMINADA.

☐ PEQUENA.

☐ SILENCIOSA.

☐ GRANDE.

☐ LIMPA.

2 O que tem em volta de sua moradia?

☐ MUITOS VIZINHOS.   ☐ QUINTAL.

☐ POUCOS VIZINHOS.   ☐ GARAGEM.

☐ VARANDA.   ☐ ÁRVORES.

3 Qual das moradias das páginas anteriores é mais parecida com a sua?

_____

A construção da moradia

As moradias são construídas em diversos lugares, com materiais e formas diferentes. Por exemplo: nas grandes cidades, onde os espaços são muito caros, é comum a construção de prédios residenciais em que há muitos apartamentos.

Os indígenas e as pessoas que vivem no campo costumam fazer suas moradias com materiais que encontram na natureza.

Tijolos, blocos de concreto, madeira, barro amassado, palha, vidro, ferro e cimento são alguns materiais utilizados nessas construções.

Para que a moradia garanta proteção e conforto a seus moradores, ela deve estar adequada às características do lugar em que for construída.

As famílias que moram às margens dos rios constroem suas moradias sobre **estacas**. Desse modo, elas evitam que as águas invadam suas casas na época das cheias dos rios. Foto de palafita localizada à margem do Rio Amazonas.

Em regiões do planeta onde há ocorrência de neve, as moradias têm os telhados bem inclinados. Com isso, a neve não acumula, evitando sobrecarga nos telhados. Na foto, casa localizada nos Alpes Suíços, s.d.

Nas áreas desérticas, as famílias moram em tendas feitas de tecido montadas próximas de **oásis**. Quando a água acaba, as moradias são desmontadas e levadas para outra região com água. Na foto, acampamento **berbere** localizado no Deserto do Saara, na África.

VOCABULÁRIO

estaca: peça de madeira cravada no solo que serve de suporte para uma construção.
oásis: pequenas regiões do deserto onde se encontra água.
berbere: povo que vive em áreas desérticas no Norte da África.

O povo Korowai, que vive na Ilha Papua-Nova Guiné, na Oceania, utiliza os materiais encontrados na natureza para construir suas moradias. Na foto, casa tradicional Korowai, erguida a 35 metros de altura.

ATIVIDADE

Observe os materiais a seguir. Faça um círculo em volta daqueles que foram usados na construção de sua moradia.

MADEIRA.   TIJOLO.   BLOCOS DE CONCRETO.   TINTA.

TELHA.   VIDRO.   CIMENTO.   VIGA DE FERRO.

Os espaços da moradia

Em geral, as moradias são divididas em cômodos. Cada cômodo é destinado a um tipo de uso e, por isso, tem seus móveis, objetos e utensílios.

Observe na imagem a seguir os cômodos que estão presentes na maioria das casas.

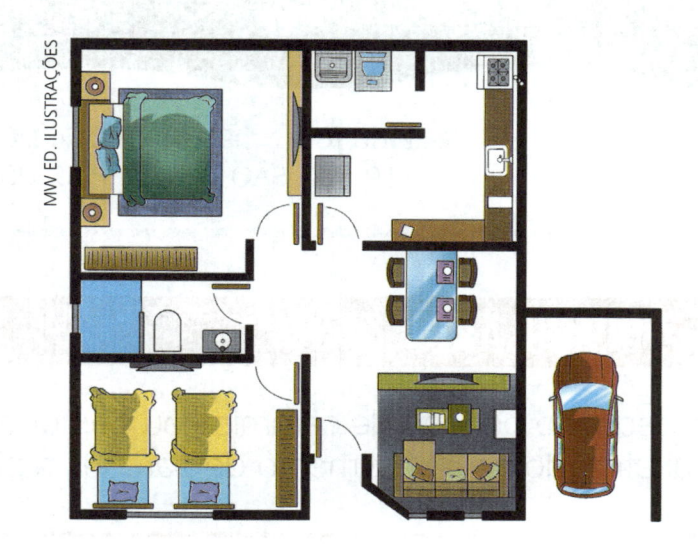

ATIVIDADES

1 Leia o poema a seguir e responda às questões.

A CASA E SEU DONO

ESSA CASA É DE **CACO**
QUEM MORA NELA É O MACACO.
ESSA CASA É TÃO BONITA
QUEM MORA NELA É A CABRITA.
ESSA CASA É DE CIMENTO
QUEM MORA NELA É O JUMENTO.
ESSA CASA É DE TELHA
QUEM MORA NELA É A ABELHA.
ESSA CASA É DE LATA
QUEM MORA NELA É A BARATA.
ESSA CASA É ELEGANTE
QUEM MORA NELA É O ELEFANTE.
E DESCOBRI DE REPENTE
QUE NÃO FALEI EM CASA DE GENTE.

ELIAS JOSÉ. *CAIXA MÁGICA DE SURPRESA*.
19. ED. SÃO PAULO: PAULUS, 1997. P. 9.

VOCABULÁRIO

caco: pequeno pedaço de cerâmica ou de outro material utilizado no revestimento de paredes e pisos.

a) Quais palavras usadas para descrever as casas dos animais também podem descrever casa de gente?

_____

_____

b) Quais palavras do poema você usaria para descrever sua moradia?

_____

_____

2 Procure em jornais ou revistas imagens de tipos de moradia no Brasil. Recorte-as e cole-as a seguir.

EU GOSTO DE APRENDER

Leia o que você estudou nesta lição.

- O lugar onde vivemos é a nossa moradia.
- Existem vários tipos de moradia: apartamentos em prédios, casas térreas, casas em sítios e fazendas, casas de madeira, casas de palafita etc.
- A moradia é um direito que toda pessoa tem.

ATIVIDADES

1 Marque com **X** tudo o que sua moradia tem.

- [ ] ESCADA.
- [ ] PAREDES DE MADEIRA.
- [ ] PALAFITA.
- [ ] QUINTAL.
- [ ] PAREDES DE TIJOLOS.

2 Associe as colunas.

PALAFITA	EXISTE MAIS EM BAIRROS E CIDADES PEQUENAS.
OCA	MORADIA DENTRO DE UM PRÉDIO.
CASA TÉRREA	MORADIA INDÍGENA.
APARTAMENTO	MORADIA CONSTRUÍDA SOBRE ESTACAS DENTRO DA ÁGUA.

EU GOSTO DE APRENDER MAIS

Modos diferentes de construir moradias

Tanzânia, 2014.

Etiópia, 2014.

Albânia, 2015.

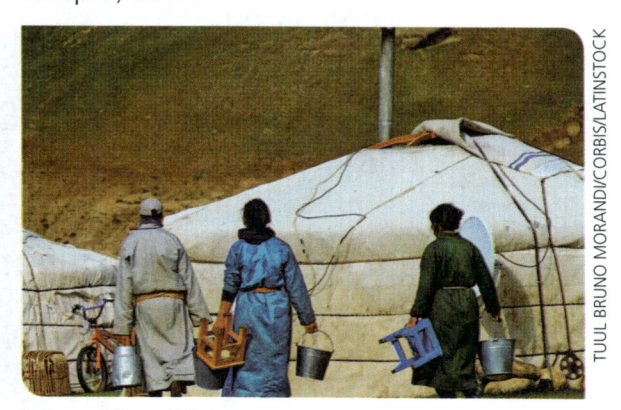

Mongólia, 2014.

Nem todos os povos constroem casas e apartamentos do modo como conhecemos.

Você já viu que os povos indígenas constroem ocas, por exemplo.

Outros povos fazem diferentes tipos de moradia. Povos africanos fazem habitações de barro, de troncos de árvores, de palha... E existem povos que usam tendas como moradias, como o povo tuaregue, que vive no Norte da África, e os mongóis, que vivem em um país asiático chamado Mongólia.

No Brasil, o povo cigano costuma morar em tendas, embora muitas de suas famílias já prefiram casas e apartamentos.

ATIVIDADES COMPLEMENTARES

1 Marque com um **X** a frase que informa sobre o que fala esse texto.

☐ OS INDÍGENAS CONSTROEM CASAS DE BARRO.

☐ HÁ POVOS QUE NÃO CONSTROEM CASAS DO MODO COMO AS CONHECEMOS.

☐ OS CIGANOS E OS MONGÓIS NÃO MORAM MAIS EM TENDAS.

☐ TENDAS SERVEM DE MORADIA APENAS NA ÁFRICA.

2 Pense e responda: de que material podem ser feitas as tendas?

_____

_____

LEIA MAIS

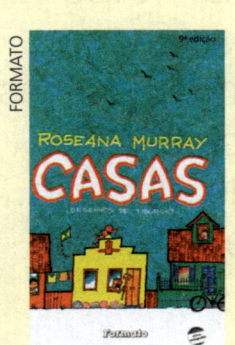

Casas

Roseana Murray. São Paulo: Formato, 2009.

A autora descreve em seus poemas casas de avó, de vizinho, de amigo e até mal-assombrada.

LIÇÃO 5

MINHA ESCOLA

A escola é o lugar onde estudamos, aprendemos muitas coisas e conhecemos pessoas novas: o diretor, o professor, os colegas de turma etc.

A poesia a seguir descreve o dia a dia em uma escola.

A ESCOLA

TODO DIA,
NA ESCOLA,
A PROFESSORA,
O PROFESSOR,
A GENTE APRENDE,
E BRINCA MUITO
COM DESENHO,
TINTA E COLA.
MEUS AMIGOS
TÃO QUERIDOS
FAZEM FARRA,
FAZEM FILA.
O PAULINHO,
O PEDRÃO,
A PATRÍCIA
E A PRISCILA

QUANDO CHEGA
O RECREIO
TUDO VIRA
BRINCADEIRA.
COMO O BOLO,
TOMO O SUCO
QUE VEM DENTRO DA
LANCHEIRA.
QUANDO TOCA
O SINAL,
NOSSA AULA
CHEGA AO FIM.
ATÉ AMANHÃ,
AMIGUINHOS,
NÃO SE ESQUEÇAM, NÃO,
DE MIM.

CLÁUDIO THEBAS. *AMIGOS DO PEITO*.
BELO HORIZONTE: FORMATO, 1996. P. 8-9.

Você tem muitos amigos na escola?

Cada escola é diferente da outra. Umas são grandes, outras, pequenas. Em algumas, os alunos usam uniforme, em outras, não.

Algumas escolas são **públicas**, ou seja, mantidas pelo governo, e não é necessário pagar mensalidade. Outras são **particulares**: para estudar nelas é preciso pagar mensalidade.

Foto de escola indígena no Rio Grande Sul, 2014.

Foto de escola quilombola no Amapá, 2014.

Foto de escola em comunidade de pescadores no Ceará, 2014.

Foto de colégio em Minas Gerais, 2014.

Os espaços da escola

Na escola, existem **espaços** para várias atividades.

Diretoria, secretaria, salas de aula, banheiros e pátio são alguns espaços que existem na escola.

Algumas escolas também têm laboratórios, cantina, ginásio de esportes com quadras e piscinas, teatro, além de serviços médicos, como enfermaria e sala de dentista.

Veja alguns desses espaços:

Cantina.

Biblioteca.

ILUSTRAÇÕES: JOSÉ LUIS JUHAS

No Brasil, todas as crianças devem ir para a escola obrigatoriamente no ano em que completam 4 anos.

A sala de aula

A **sala de aula** é o espaço que você compartilha com os colegas e com o professor. Nela, você e seus colegas fazem as mais variadas atividades escolares.

As salas de aula são diferentes umas das outras. Existem salas amplas e salas pequenas. Algumas têm móveis, como estantes e mesas, outras têm apenas os locais para as crianças e para o professor se sentarem.

Sala de aula da Escola Municipal Oscar Agner, Pancas, Espírito Santo, 2015.

Sala de aula da Escola Municipal Vicência Castelo, Tibau do Sul, Rio Grande do Norte, 2013.

O meu lugar na sala de aula

Os alunos, o professor e os objetos ocupam **posições** diferentes na sala de aula.

O lugar de cada aluno pode ser na parte da frente ou de trás da sala, perto ou longe da mesa do professor. Onde é sua posição na sala de aula?

ATIVIDADES

1 Quais colegas estão sentados perto de você? Escreva o nome deles na posição que eles ocupam.

NA SUA FRENTE ESTÁ:

_____

DO SEU LADO
ESQUERDO ESTÁ:

VOCÊ

DO SEU LADO
DIREITO ESTÁ:

_____

ATRÁS DE VOCÊ ESTÁ:

_____

2 Observe a ilustração de uma sala de aula.

a) Quem está na **frente** de **João**? _____

b) E **atrás**? _____

c) Há alguém do lado **direito** de **João**? Quem? _____

d) E do lado **esquerdo** de **João**? _____

Representando os espaços da escola

Podemos observar uma pessoa, um objeto e até mesmo um local de diferentes posições e representá-los no papel.

O menino está olhando a carteira em que ele se senta na escola. Observe como ele vê a carteira de diferentes posições.

Nesta cena, o menino está vendo a carteira de frente.

Nesta cena, o menino está vendo a carteira de cima para baixo.

Nesta cena, o menino está vendo a carteira do alto e de lado.

A visão de frente é chamada **visão frontal**.
A visão do alto, de cima para baixo, é a **visão vertical**.
A visão do alto e de lado é chamada **visão oblíqua**.

ATIVIDADE

Observe novamente as cenas anteriores e marque com um **X** a resposta correta.

a) Em todas as cenas é sempre a mesma criança e a mesma carteira?

☐ SIM.   ☐ NÃO.

b) A criança muda de posição nas cenas?

☐ SIM.   ☐ NÃO.

Direitos e deveres da escola

Na escola, por exemplo, os funcionários têm os seguintes **direitos**:
- ser respeitados;
- trabalhar em um ambiente limpo e seguro;
- receber o material necessário para seu trabalho;
- receber um salário justo.

Por outro lado, os funcionários devem cumprir seus **deveres**:
- respeitar os alunos e os demais funcionários;
- conhecer bem seu trabalho;
- cooperar para o bom funcionamento da escola;
- ser responsável pelo trabalho. Ser pontual e não faltar sem um motivo justo.

Direitos e deveres dos alunos

Os alunos de uma escola também devem conhecer seus direitos e deveres.

Os **direitos** dos alunos são:
- ser respeitados;
- ter segurança;
- receber ensino e educação de qualidade;
- ter professores competentes;
- dar opiniões;
- ter um lugar na sala de aula;
- ter um local para brincar;
- ter uma escola limpa e agradável.

São **deveres** dos alunos:
- respeitar e tratar bem os colegas e os funcionários que trabalham na escola;
- ir à escola todos os dias, estudar e fazer as lições;
- cuidar do material escolar e da limpeza e conservação da escola;
- ser pontual.

ATIVIDADE

Na escola, você também convive com outras pessoas, aprende a fazer seus direitos serem respeitados e entende que tem deveres importantes a cumprir.

Na lista a seguir estão alguns itens que são permitidos na escola e alguns que não são. Complete a lista com outros itens, inclusive as regras combinadas entre seu professor e a turma.

a) Na escola é permitido:

1. Ir à escola todos os dias.
2. Ser pontual.
3. Prestar atenção às aulas.
4. _____
5. _____
6. _____
7. _____

b) Na escola não é permitido:

1. Desrespeitar os colegas.
2. Sujar as dependências da escola.
3. Não estudar.
4. _____
5. _____
6. _____
7. _____

EU GOSTO DE APRENDER

Leia com o professor o que você estudou nesta lição.

- A escola é o lugar de aprender e de conhecer outras pessoas.

- Há muitos tipos de escola: grandes e pequenas, no campo e na cidade.

- As escolas têm várias dependências, como sala de aula, pátio, sala do diretor, cantina etc.

- Na sala de aula, o aluno pode sentar-se à frente ou atrás. Ele pode ficar perto ou longe da mesa do professor.

- Os alunos têm direitos, como o de estudar e de ser respeitados, ter uma sala de aula apropriada etc.

- Os alunos têm deveres: chegar no horário às aulas, respeitar os colegas, o professor e os funcionários, fazer as lições de casa etc.

ATIVIDADES

1 Sublinhe o que você faz na escola.

a) Estudo com meus colegas.

b) Durmo em uma cama só minha.

c) Pratico esportes no pátio e nas aulas de Educação Física.

d) Como lanche na cantina.

e) Guardo meus brinquedos em um guarda-roupas.

2 Qual é a sua posição na sala de aula? Complete com uma das palavras sugeridas.

a) Eu me sento _____ (na frente / no meio / atrás).

b) Na minha frente está _____ (um colega / a mesa do professor / o quadro de giz).

c) Atrás de mim senta-se _____ (um menino / uma menina / ninguém).

3 Observe a fotografia abaixo que mostra uma escola indígena. Depois, responda às perguntas.

DELFIM MARTINS

Escola Municipal Pluridocente Indígena Pau-Brasil, que tem alunos do povo Tupiniquim. Aracruz, Espírito Santo, 2019.

a) Qual é o nome da escola?

_____

b) Onde fica essa escola?

_____

c) Os alunos indígenas pertencem a qual povo?

_____

EU GOSTO DE APRENDER MAIS

Ser cidadão é ter direitos e cumprir deveres

ILUSTRAÇÕES: JOSÉ LUIS JUHAS

Dever de jogar o lixo na lixeira.

Dever de atravessar a rua na faixa de pedestres.

Direito à alimentação adequada.

Direito à habitação.

Assim como na escola, também na sociedade as pessoas têm direitos e deveres.

Temos o direito de ser respeitados e tratados com educação.

As pessoas com mais de 60 anos têm direitos como prioridade nas filas e assentos especiais nos transportes públicos.

Temos o dever de pagar impostos. Temos o dever de respeitar as leis da cidade, do estado e do município.

Esse conjunto de direitos e deveres que toda pessoa tem se chama **cidadania**.

Ser cidadão é ter os direitos respeitados e cumprir todos os deveres.

ATIVIDADES COMPLEMENTARES

1 Marque com um **X** o assunto do texto da página anterior.

☐ DIREITOS E DEVERES DE PESSOAS FORA DO BRASIL.

☐ EXPLICAÇÃO DO QUE É CIDADANIA.

☐ LISTA DE TODOS OS DIREITOS DE UMA PESSOA.

☐ EXPLICAÇÃO DOS DEVERES DE UM ALUNO DENTRO DA ESCOLA.

2 Assinale o quadrinho onde aparece um direito sendo respeitado.

☐ ☐ ☐

3 Marque com um **X** o que é dever de um cidadão.

☐ TER UMA CASA PARA MORAR.

☐ PAGAR IMPOSTOS.

☐ RESPEITAR AS LEIS.

☐ RECEBER APOSENTADORIA.

4 Você está andando por uma rua e ao mesmo tempo está comendo um chocolate. Quando termina de comer, o que faz com o papel da embalagem? Marque com um **X** a atitude correta.

☐ JOGA DISFARÇADAMENTE NO MEIO DA RUA.

☐ CONTINUA SEGURANDO ATÉ ACHAR UMA LATA DE LIXO.

☐ JOGA NA CALÇADA MESMO, PORQUE LOGO ELA SERÁ VARRIDA.

☐ JOGA EM ALGUM BURACO ONDE NINGUÉM VEJA.

5 Complete a frase para ter uma definição de cidadania.

Cidadania é o conjunto de _____ e _____ que as pessoas têm.

LEIA MAIS

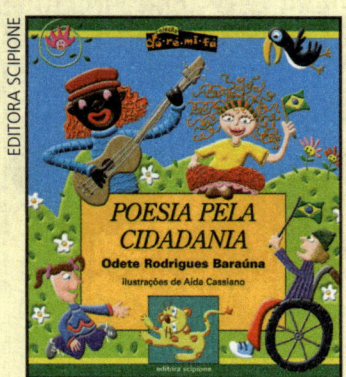

Poesia pela cidadania

Odete Rodrigues Baraúna. São Paulo: Scipione. (Coleção Dó-Ré-Mi-Fá).

O pequeno leitor aprenderá noções básicas de conduta sobre meio ambiente, relações pessoais, regras de trânsito...

LIÇÃO 6

O CAMINHO PARA A ESCOLA

Observe o caminho que Flávio faz para ir de casa à escola. Flávio vai para a escola de ônibus escolar. Ele mora na cidade. No caminho, ele passa por subidas e descidas. Ele vê edifícios, casas e, próximo da escola, uma padaria e uma loja que estão sempre ali.

Maria Clara vai à escola de carroça, com seu pai e seu irmão.

Ela mora no campo, em um lugar com muitas plantações. O lugar é plano e, ao longe, é possível observar alguns morros e elevações.

No caminho, Maria Clara vê muitos animais, árvores e outras plantas que já estão ali há muito tempo, bem antes do pai de seu pai comprar um pequeno sítio e mudar-se com a família.

Ela também encontra casas, uma mercearia, um ponto de ônibus e algumas pessoas andando pela estrada.

Sítio é uma propriedade localizada no campo, onde se cultivam produtos e se criam animais. Você já visitou um sítio?

ATIVIDADES

1 Complete as frases.

a) Flávio vai à escola. No caminho ele vê:

_____

_____

b) Maria Clara, no seu caminho para a escola, vê:

_____

_____

2 Pelo que Flávio e Maria Clara observam no caminho para ir à escola, eles conseguem identificar o trajeto que estão fazendo?

☐ SIM. ☐ NÃO.

3 O que ajuda Flávio e Maria Clara a identificarem o caminho que fazem para a escola.

_____   _____

_____   _____

_____   _____

ILUSTRAÇÕES: JOSÉ LUIS JUHAS

O que Flávio e Maria Clara observam no caminho para a escola são chamados **pontos de referência**. Os pontos de referência ajudam a nos localizarmos no dia a dia. Algumas coisas não podem ser consideradas pontos de referência, porque não estão sempre no mesmo lugar, por exemplo, um carrinho de sorvete, carros estacionados, animais etc.

ATIVIDADES

1 Assinale aquilo que pode ser um ponto de referência.

☐ BANCO.

☐ CACHORRO.

☐ CARROS ESTACIONADOS.

☐ FARMÁCIA.

☐ PADARIA.

☐ PESSOAS CIRCULANDO NAS RUAS.

☐ PLACA DE TRÂNSITO.

☐ PONTO DE ÔNIBUS.

☐ PRAÇA.

☐ VENDEDOR AMBULANTE.

2 A ilustração a seguir mostra onde mora João e onde fica sua escola.

JOSÉ LUIS JUHAS

a) Identifique onde mora João e onde está a escola.

b) Trace na ilustração o percurso que João precisa fazer para chegar à escola.

c) Quais podem ser os pontos de referência para João? Circule-os.

3 Observe o percurso que você faz todo dia para ir à escola e assinale o que você vê no caminho.

☐ CASAS.

☐ EDIFÍCIOS RESIDENCIAIS.

- ☐ PARQUE OU PRAÇA.
- ☐ SUPERMERCADO.
- ☐ BANCO.
- ☐ PRAIA.
- ☐ PONTO DE ÔNIBUS.
- ☐ HOSPITAL.
- ☐ EDIFÍCIOS COMERCIAIS.
- ☐ LOJAS.
- ☐ POSTO DE SAÚDE.
- ☐ PADARIA.
- ☐ PLANTAÇÕES.
- ☐ POSTO DE GASOLINA.

4 Ilustre em sequência aquilo que você vê no percurso até a escola.

1º	2º
3º	4º

5 Vamos descobrir aonde Dora vai. Observe a ilustração e siga as pistas dos pontos de referência.

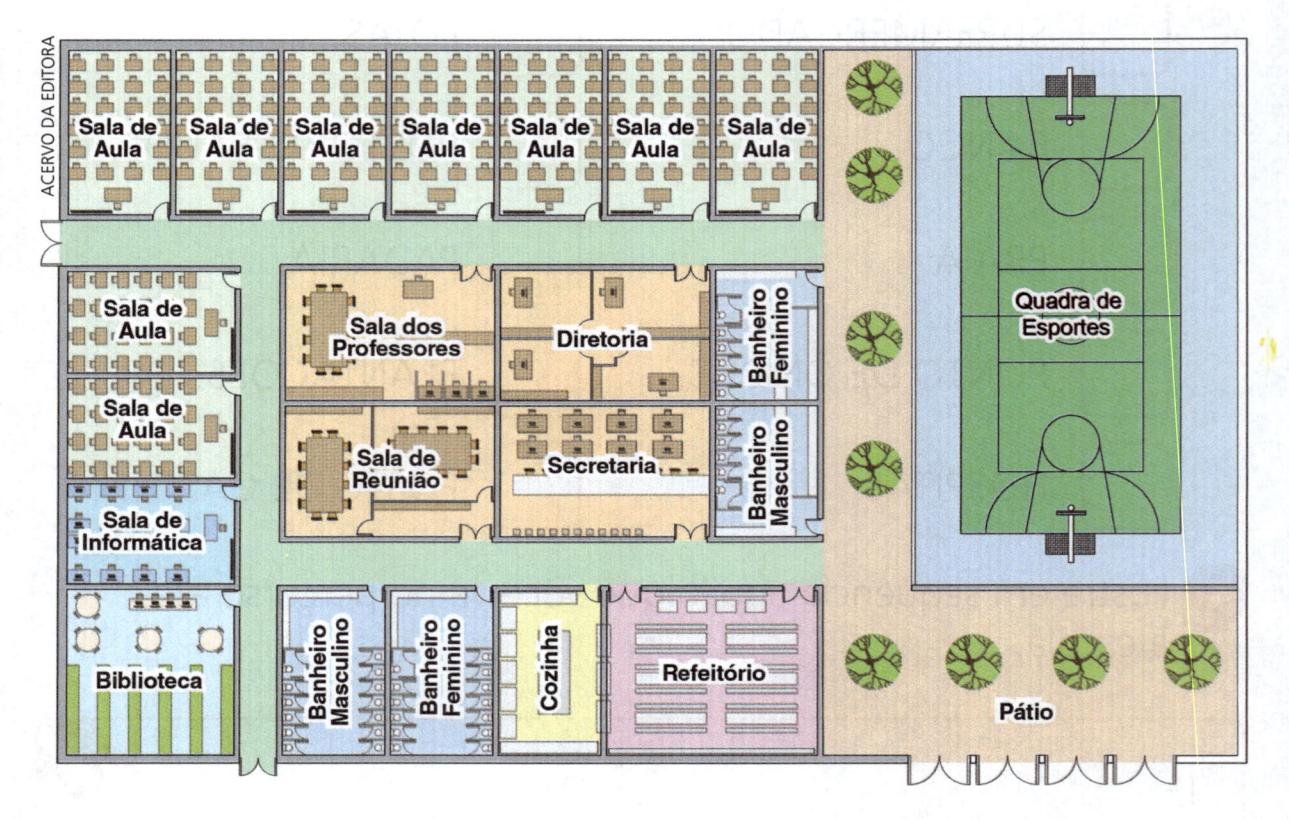

Dora está na sala de aula mais próxima da quadra de esportes. Ela saiu de lá e virou à esquerda e depois à direita. Passou pelos banheiros feminino e masculino. Depois virou à direita e passou pelo refeitório, pela cozinha e pelos banheiros feminino e masculino. No final do corredor virou à esquerda e chegou aonde estava indo.

a) Aonde Dora chegou? _____

b) Marque na planta os pontos de referência por onde Dora passou.

c) Se Dora estiver na sala dos professores e for até o refeitório, que caminho ela pode seguir?

_____

Orientação no trânsito

A quantidade de pessoas e veículos na rua é muito grande. Por isso, precisamos de **sinais de trânsito**.

As placas de sinalização servem para orientar motoristas e pedestres. Elas são muito importantes para evitar acidentes.

Veja algumas placas e o que elas significam.

Parada obrigatória.

Proibido acionar buzina ou sinal sonoro.

Área escolar.

Velocidade máxima permitida.

Semáforo à frente.

Proibido estacionar.

Proibido virar à direita.

Siga em frente.

O semáforo também é um sinal de trânsito. Há dois tipos de semáforo.

Semáforo para veículos

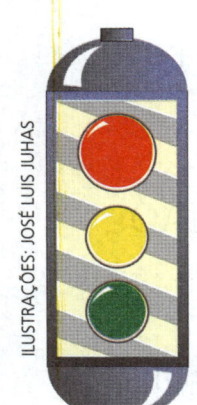

Vermelho: Pare.

Amarelo: Atenção.

Verde: Siga.

Semáforo para pedestres

Vermelho: Devo parar e aguardar a passagem dos veículos.

Verde: Os carros devem parar e eu posso atravessar.

175

As **faixas de segurança** para pedestres também são sinais de trânsito. Elas mostram o local onde o pedestre deve atravessar. As crianças devem atravessar sempre de mãos dadas com um adulto.

ATIVIDADES

1 Marque com um **X** as frases com as informações corretas.

☐ PARA ATRAVESSAR A RUA, USE A FAIXA DE SEGURANÇA.

☐ AS PLACAS DE SINALIZAÇÃO ORIENTAM MOTORISTAS E PEDESTRES.

☐ O SINAL VERMELHO PARA PEDESTRES INDICA QUE DEVO PASSAR.

☐ DEVO SUBIR E DESCER DO ÔNIBUS SOMENTE QUANDO ELE ESTIVER PARADO.

☐ POSSO ANDAR NA PISTA DE CARROS SE NÃO HOUVER MOVIMENTO.

☐ O SINAL VERDE PARA VEÍCULOS INDICA QUE OS CARROS PODEM SEGUIR.

2 Observe a cor de cada semáforo e escreva o que ela indica para os motoristas.

_____   _____   _____

3 Pinte os semáforos com a cor correta, de acordo com o texto escrito embaixo de cada um deles.

PERIGO! PARE.

OS CARROS DEVEM PARAR E EU POSSO ATRAVESSAR.

4 Ligue cada placa de sinalização ao que ela significa.

PARADA OBRIGATÓRIA

ÁREA ESCOLAR

PROIBIDO BUZINAR

SIGA EM FRENTE

PROIBIDO ESTACIONAR

EU GOSTO DE APRENDER

Leia com o professor o que você estudou nesta lição.

- Na cidade, o caminho para a escola pode ter prédios, ruas, avenidas.

- No campo, o caminho para a escola pode ter menos casas e mais plantações.

- O caminho de casa para a escola tem muitos detalhes; observando-os, consigo ter referências desse caminho.

- Nos caminhos que fazemos, encontramos pontos de referência que nos ajudam a identificar o lugar onde estamos.

- Na cidade, pode haver trânsito de automóveis, caminhões, ônibus, bicicletas e motocicletas.

- No trânsito, existem placas e outras sinalizações que nos orientam e evitam acidentes.

ATIVIDADES

1 Responda às questões a seguir.

a) O caminho que você faz para a escola é na cidade ou no campo?

_____

b) Você vai para a escola a pé ou em algum veículo? Qual?

_____

c) A sua escola fica longe ou perto de sua casa?

_____

d) Quem leva você até a escola e depois vai buscá-lo(a)?

_____

_____

2 Pinte onde é possível as crianças irem para a escola de carroça, charrete ou cavalo.

☐ NA CIDADE. ☐ NO CAMPO.

3 Na cidade sempre tem trânsito mais intenso que no campo. Marque com um **X** o que as pessoas precisam fazer.

☐ ATRAVESSAR A RUA NA FAIXA DE SEGURANÇA.

☐ ANDAR FORA DAS CALÇADAS.

☐ NÃO OLHAR PARA OS SINAIS DE TRÂNSITO, POIS ELES SÃO PARA OS VEÍCULOS.

☐ ATRAVESSAR A RUA QUANDO O SINAL PARA PEDESTRE ESTIVER VERDE.

☐ UTILIZAR A PASSARELA PARA ATRAVESSAR A RUA, QUANDO EXISTIR.

☐ BRINCAR NO MEIO DA RUA.

EU GOSTO DE APRENDER MAIS

Caminhos para a escola em muitos lugares

No mundo inteiro há crianças que saem de casa e vão para a escola todos os dias.

Como os lugares são diferentes, também o jeito de chegar é diferente.

Alguns fotógrafos resolveram registrar crianças indo para a escola em diversos países.

Veja algumas dessas fotografias!

Crianças caminham até a escola, Togo, 2013.

Estudantes vão de canoa até a escola, Índia, 2014.

Crianças utilizam ônibus para ir estudar, Estados Unidos, 2015.

Grupo de crianças indo a pé para a escola Japão, 2011.

ATIVIDADES COMPLEMENTARES

1 Na foto 1, como as crianças estão indo para a escola?

_____

2 Na foto 2, vemos crianças indo para a escola em qual país?

_____

3 Em qual dessas fotos aparecem crianças japonesas indo para a escola?

_____

4 Qual é o meio de transporte que as crianças da foto 3 usam para ir à escola?

_____

5 Nessas fotografias as crianças parecem felizes por ir à escola? Por que você acha isso?

_____

LEIA MAIS

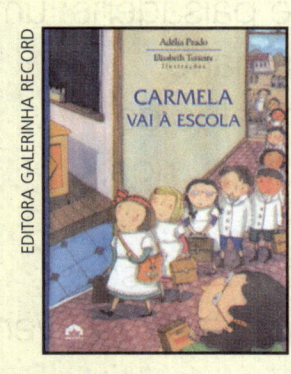

Carmela vai à escola

Adélia Prado. Ilustrações de Elisabeth Teixeira. Rio de Janeiro: Galerinha Record, 2011.

História da menina Carmela e tudo que ela adora quando vai para a escola.

LIÇÃO 7 — AS DIFERENTES PAISAGENS

Cada lugar tem um aspecto diferente do outro, por causa dos elementos da natureza que lá se encontram e aquilo que foi modificado pelo ser humano.

Ao observar um lugar, é possível descrever os elementos que formam a paisagem dele, como florestas, plantações, diversas construções, praias, morros, ruas asfaltadas, viadutos, construções etc.

Foto de trecho da vegetação da Floresta Amazônica em Manaus, Amazonas.

Foto de vista de um trecho da cidade de Manaus, Amazonas.

As imagens mostram trechos de dois tipos de paisagens: uma natural e outra transformada pela ação do ser humano.

As paisagens naturais são formadas por elementos da natureza, como árvores e outras plantas, montanhas, rios, lagos e animais silvestres.

As paisagens transformadas ocorrem quando as pessoas começam a construir, a plantar e a mexer no espaço onde vivem, alterando os locais.

As paisagens transformadas são muito diferentes. As do campo apresentam vegetações e elementos como plantações, criação de gado etc. As paisagens da cidade se caracterizam pelo grande número de construções, pelo grande movimento de pessoas e de veículos e pela inexistência ou pouca quantidade de vegetação original.

ATIVIDADE

1 Como é a paisagem do lugar onde você mora? Assinale a resposta.

☐ MUITO TRANSFORMADA.

☐ POUCO TRANSFORMADA.

2 Observe as cenas a seguir e responda:

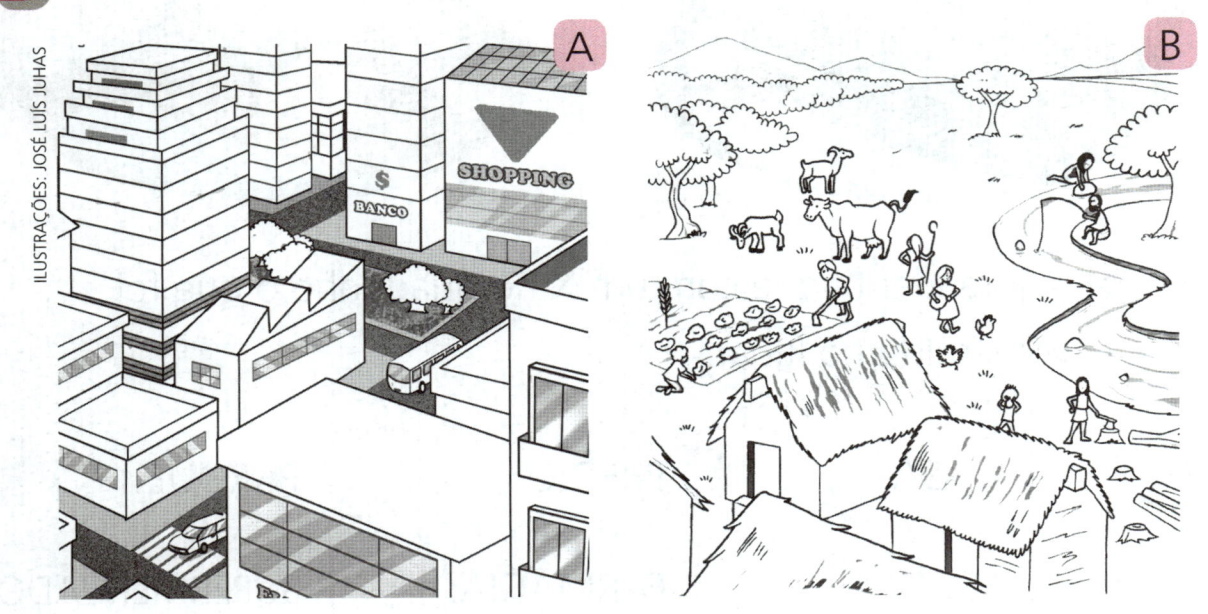

ILUSTRAÇÕES: JOSÉ LUIS JUHAS

a) O que mostram as cenas das paisagens **A** e **B**?

_____

b) Agora pinte as cenas.

3 As cenas mostram o que aconteceu no lugar quando as pessoas chegaram.

a) Numere as imagens na ordem em que aconteceram as transformações.

ILUSTRAÇÕES: ULHÔA CINTRA

b) Agora identifique com um **X** no quadrinho o que foi construído no lugar.

☐ CASA. ☐ PRÉDIO. ☐ PARQUE.

☐ ESCOLA. ☐ FARMÁCIA. ☐ SUPERMERCADO.

☐ PONTE. ☐ PRAÇA. ☐ HOSPITAL.

☐ AVENIDA. ☐ IGREJA. ☐ RUAS.

184

As ilustrações do processo de transformação da paisagem da atividade 3 da página 184 mostram modificações causadas pela construção de elementos que facilitam a vida das pessoas. Por exemplo, as casas para abrigo, as ruas para ordenar e facilitar a circulação de pessoas e veículos, a ponte para permitir a travessia do rio de um lado ao outro sem a necessidade de um barco, a praça para oferecer um espaço de convivência e lazer.

ATIVIDADE

Quais elementos da paisagem construída você identifica no lugar onde vive? Assinale com um **X**.

ILUSTRAÇÕES: DAWIDSON FRANÇA

A modificação da paisagem e os problemas ambientais

Nas ilustrações da atividade da página 184, você pode perceber que vários elementos do ambiente natural foram alterados por causa do processo de transformação da paisagem.

O ser humano, além de alterar a paisagem natural para atender às suas necessidades, pode não cuidar do que restou desse ambiente natural.

As pessoas e as paisagens

As pessoas modificam a paisagem natural em um lugar para poder viver melhor ali. Elas constroem casas, escolas, fábricas, ruas, avenidas, estradas, fazem plantações e pastos para a criação de animais.

Para isso, elas derrubam árvores, retiram plantas, afastam os animais que vivem na natureza etc. Veja a seguir a imagem de um mesmo lugar em dois momentos diferentes.

Foto de Teresópolis, Rio de Janeiro, em 1890.

Foto de Teresópolis, Rio de Janeiro, em 2015.

As imagens mostram como a paisagem do local foi modificada com o passar dos anos. E o ambiente passou a ser bastante transformado.

Na imagem a seguir você observa um trecho de rio poluído em função do lançamento de esgotos das residências, fábricas, lojas e outros estabelecimentos.

Imagem do Rio Pinheiros, em São Paulo (SP) mostrando a poluição.

Em muitas situações, algumas pessoas têm atitudes que acabam causando danos ao ambiente, como **a poluição**.

ATIVIDADES

1. O que aparece representado na paisagem da foto acima?

   _____

2. Quem você acha que sujou esse rio? Por quê?

   _____

3. O que pode ter acontecido com os seres vivos que viviam no local retratado nessa paisagem?

   _____

4 Como está o rio? Quais são as consequências dessas ações para as pessoas?

_____

_____

5 E no lugar onde você vive, será que existem rios como o que aparece na paisagem que você observou?

_____

_____

6 As fotos a seguir retratam outros tipos de problemas ambientais que modificam a paisagem.

IMAGENS: SHUTTERSTOCK

a) Que problemas ambientais estão sendo retratados pelas paisagens das fotos?

_____

_____

b) Onde você vive existem esses problemas?
Converse com o seu professor e com os colegas sobre isso.

EU GOSTO DE APRENDER

Leia com o professor o que você estudou nesta lição.

- Paisagem é tudo que você vê em um lugar.

- Os elementos de uma paisagem podem ser florestas, plantações, praias, morros, ruas, viadutos etc.

- No campo, as paisagens podem ter criação de animais, plantações, sítios com casas distantes umas das outras etc.

- As paisagens naturais são aquelas em que o ser humano não interferiu, como morros, vales, rios, mares.

- As paisagens modificadas são aquelas alteradas para o ser humano poder viver em um determinado local. Os seres humanos constroem casas, derrubam matas, abrem estradas.

- Ao modificar a paisagem, as pessoas precisam cuidar da natureza para não prejudicar o meio ambiente.

ATIVIDADE

Observe a foto ao lado. O que os seres humanos fizeram para a paisagem ficar desse jeito?

_____
_____
_____

Imagem do Rio Negro em área poluída por lixo. Amazonas, 2021.

EU GOSTO DE APRENDER MAIS

Cuidar do planeta Água

IXPERT/SHUTTERSTOCK

Você sabia que a superfície do nosso planeta tem mais água do que terra? Cerca de dois terços dela são formados por água dos oceanos e o restante são os continentes.

Então nosso planeta podia bem se chamar planeta Água!

Mas isso quer dizer que temos água à vontade para consumir? Não! A água que os seres humanos usam, chamada água **potável**, vem dos rios, lagos e nascentes. Se não soubermos cuidar dessa água, ela pode ficar imprópria para o nosso consumo.

Se a água potável do nosso planeta ficar toda poluída, a humanidade e os demais seres vivos também serão extintos.

Por isso, ao modificar a paisagem, as pessoas precisam pensar na preservação das águas.

VOCABULÁRIO

potável: que é apropriada para o ser humano beber e cozinhar alimentos.

ATIVIDADES COMPLEMENTARES

1 Sublinhe a frase que fala do assunto desse texto.

a) O nosso planeta só tem água potável.

b) Precisamos preservar a água potável para ela não acabar.

c) O nome do nosso planeta vai mudar para planeta Água.

d) O nosso planeta tem mais terra do que água.

2 Marque com um **X** o que você pode fazer para preservar a água do planeta.

☐ FECHAR A TORNEIRA ENQUANTO ESCOVA OS DENTES.

☐ JOGAR O LIXO APENAS NO MAR, NÃO NOS RIOS.

☐ TOMAR BANHO RÁPIDO.

☐ EXPLICAR AOS AMIGOS POR QUE PRECISAMOS CUIDAR DA ÁGUA.

LEIA MAIS

Meio ambiente: uma introdução para crianças

Michael Driscoll; Dennis Driscoll. São Paulo: Panda Books, 2010.

Fique sabendo dos principais problemas que podem afetar o meio ambiente e o que fazer para evitá-los.

LIÇÃO 8
AS CONDIÇÕES DO CLIMA E O MEU DIA A DIA

Observe as ilustrações a seguir. Elas mostram algumas atividades que Fernando faz no seu dia.

Fernando se arruma de manhã para ir à escola.

Fernando brinca com os colegas no recreio.

Fernando faz as tarefas de casa à tarde.

Fernando janta com os familiares à noite.

Fernando dorme à noite.

ILUSTRAÇÕES: JOSÉ LUIS JUHAS

Fernando mora em um lugar onde em vários meses do ano ele precisa usar um agasalho durante a manhã. Depois, em boa parte do dia, a temperatura esquenta e o casaco não é mais necessário, mas à noite a temperatura volta a cair e por isso é preciso usar roupas mais quentes e dormir com cobertas.

Essa variação de temperatura ocorre não só onde Fernando mora. Ocorre também em vários lugares. Em alguns, com maior diferença entre a temperatura do dia e a da noite; em outros, nem tanto. Há também períodos do ano em que a percepção dessa mudança de temperatura é maior, como no tempo frio.

Mas não é só a temperatura que pode mudar durante o dia ou em determinadas épocas do ano. Há dias em que o céu está nublado e o Sol parece estar escondido. Às vezes chove, às vezes venta muito.

Dia de sol. Dia chuvoso. Dia nublado. Dia com vento.

ILUSTRAÇÕES: DAWIDSON FRANÇA

As estações do ano

A intensidade da luz e do calor do Sol que chega aos lugares varia durante os meses do ano. Isso determina as estações do ano: verão, outono, inverno e primavera.

No verão, temos as temperaturas mais elevadas. É uma estação de bastante calor. No outono, a temperatura diminui anunciando a chegada do frio, que é o inverno. Na primavera, a temperatura começa a subir e muitas plantas florescem.

O verão vai de 21 de dezembro até 21 ou 22 de março, quando começa o outono, que termina em 21 de junho. O inverno vem na sequência e termina em 22 ou 23 de setembro dando início à primavera, que termina quando começa o verão.

ATIVIDADES

1 Você já percebeu mudanças de temperatura no seu dia a dia?

☐ SIM. ☐ NÃO.

2 Identifique no quadro a seguir as características que são do dia e as que são da noite.

CARACTERÍSTICAS	DIA	NOITE
TEM LUZ DO SOL		
NÃO TEM LUZ DO SOL		
É POSSÍVEL VER AS ESTRELAS E A LUA		
NÃO É POSSÍVEL VER AS ESTRELAS		
É MAIS QUENTE		
É MAIS FRIO		

3 Onde você vive, em que épocas do ano percebe mais mudanças na temperatura no decorrer do dia?

☐ VERÃO. ☐ INVERNO.

☐ OUTONO. ☐ PRIMAVERA.

4 No calendário a seguir pinte com as cores correspondentes às estações do ano.

🟥 VERÃO.

🟦 INVERNO.

🟪 OUTONO.

🟨 PRIMAVERA.

Calendário 2023

Janeiro
D	S	T	Q	Q	S	S
1	2	3	4	5	6	7
8	9	10	11	12	13	14
15	16	17	18	19	20	21
22	23	24	25	26	27	28
29	30	31				

1 - Confraternização Universal

Fevereiro
D	S	T	Q	Q	S	S
			1	2	3	4
5	6	7	8	9	10	11
12	13	14	15	16	17	18
19	20	**21**	22	23	24	25
26	27	28				

21 - Carnaval

Março
D	S	T	Q	Q	S	S
			1	2	3	4
5	6	7	8	9	10	11
12	13	14	15	16	17	18
19	20	21	22	23	24	25
26	27	28	29	30	31	

Abril
D	S	T	Q	Q	S	S
						1
2	3	4	5	6	**7**	8
9	10	11	12	13	14	15
16	17	18	19	20	**21**	22
23	24	25	26	27	28	29
30						

7 - Sexta-feira da Paixão
9 - Páscoa
21 - Tiradentes

Maio
D	S	T	Q	Q	S	S
	1	2	3	4	5	6
7	8	9	10	11	12	13
14	15	16	17	18	19	20
21	22	23	24	25	26	27
28	29	30	31			

1 - Dia do Trabalho
14 - Dia das Mães

Junho
D	S	T	Q	Q	S	S
				1	2	3
4	5	6	7	**8**	9	10
11	12	13	14	15	16	17
18	19	20	21	22	23	24
25	26	27	28	29	30	

8 - Corpus Christi

Julho
D	S	T	Q	Q	S	S
						1
2	3	4	5	6	7	8
9	10	11	12	13	14	15
16	17	18	19	20	21	22
23	24	25	26	27	28	29
30	31					

Agosto
D	S	T	Q	Q	S	S
		1	2	3	4	5
6	7	8	9	10	11	12
13	14	15	16	17	18	19
20	21	22	23	24	25	26
27	28	29	30	31		

13 - Dia dos Pais

Setembro
D	S	T	Q	Q	S	S
					1	2
3	4	5	6	**7**	8	9
10	11	12	13	14	15	16
17	18	19	20	21	22	23
24	25	26	27	28	29	30

7 - Dia da Independência

Outubro
D	S	T	Q	Q	S	S
1	2	3	4	5	6	7
8	9	10	11	**12**	13	14
15	16	17	18	19	20	21
22	23	24	25	26	27	28
29	30	31				

12 - Nossa Senhora Aparecida
15 - Dia do Professor

Novembro
D	S	T	Q	Q	S	S
			1	**2**	3	4
5	6	7	8	9	10	11
12	13	14	**15**	16	17	18
19	20	21	22	23	24	25
26	27	28	29	30		

2 - Finados
15 - Proclamação da República

Dezembro
D	S	T	Q	Q	S	S
					1	2
3	4	5	6	7	8	9
10	11	12	13	14	15	16
17	18	19	20	21	22	23
24	**25**	26	27	28	29	30
31						

25 - Natal

5 Assinale a imagem que indica como está o dia hoje.

6 Pinte, de acordo com a legenda, as etiquetas dos alimentos mais indicados conforme a temperatura.

CALOR

FRIO

7 Usamos acessórios ou roupas diferentes conforme a temperatura do dia. Qual acessório ou roupa você escolhe para um dia de:

MUITO CALOR	CALOR	FRIO	CHUVA
1	2	3	4

☐ ☐ ☐ ☐

8 Que roupas você usa quando o tempo está frio ou calor? Numere conforme a correspondência.

☐ FRIO   ☐ CALOR

☐ MEIAS.   ☐ GORRO.
☐ CHINELO.   ☐ CACHECOL.
☐ CASACO.   ☐ LUVAS.
☐ TÊNIS.   ☐ BOTA.
☐ CAMISETA.   ☐ *SHORT*.
☐ CALÇA COMPRIDA.   ☐ BLUSA DE MANGA COMPRIDA.
☐ BERMUDA.   ☐ CAMISETA REGATA.

EU GOSTO DE APRENDER

Veja o que você estudou nesta lição.
- A temperatura do dia pode variar.
- O dia também pode ser ensolarado, nublado ou chuvoso.
- Conforme a época do ano, as temperaturas também variam.
- Existem quatro estações no ano: verão, outono, inverno e primavera.
- Comemos comidas diferentes conforme a temperatura do dia ou do ano.
- Usamos roupas diferentes de acordo com a temperatura do dia ou do ano.

ATIVIDADE

Liste o que você costuma comer quando está calor e quando está frio.

CALOR	FRIO

EU GOSTO DE APRENDER MAIS

Calor, frio e chuva

Nem todo lugar tem o mesmo clima que outro. No Brasil, muitos lugares são quentes praticamente o ano todo.

Uma das cidades mais quentes é Bacabal, que fica no Maranhão. Lá, considerando a temperatura de todos os dias do ano, a média é de mais de 34 °C.

Por outro lado, tem lugares que faz muito frio, como Urubici, em Santa Catarina. Lá, no inverno pode nevar e as temperaturas chegarem a menos 9 °C. Bem mais gelado do que a temperatura em que a água vira gelo.

Imagem da cidade de Urubici, em Santa Catarina, em um dia de inverno, em 2021.

E qual lugar tem mais chuva?

Chove mais no Amapá, na cidade de Calçoene. De janeiro a junho, chove 25 dias em cada mês, o que é praticamente chuva em todos os dias desses meses.

ATIVIDADE COMPLEMENTAR

Vamos registrar como estão os dias durante duas semanas. Use os adesivos do final do livro para indicar isso.

Mês: _____ Ano: _____

Semana 1

DATA	DOMINGO	SEGUNDA-FEIRA	TERÇA-FEIRA
QUARTA-FEIRA	QUINTA-FEIRA	SEXTA-FEIRA	SÁBADO

Semana 2

DATA	DOMINGO	SEGUNDA-FEIRA	TERÇA-FEIRA
QUARTA-FEIRA	QUINTA-FEIRA	SEXTA-FEIRA	SÁBADO

Coleção

Eu gosto m@is

ALMANAQUE

1 Escreva a letra inicial do nome de cada figura e descubra onde passamos boa parte do nosso dia.

___	___	___	___	___	___

2 Observe a corrida e depois responda.

a) Qual o carro está na frente do roxo? _____

b) O carro amarelo está perto ou longe do vermelho? _____

c) Qual o carro que está mais longe da linha de chegada? _____

3 Circule a linha que indica o grupo de materiais usados na construção das moradias.

4 Cole os adesivos do final do livro, para representar as paisagens naturais.

5 Leia o texto com atenção. Ele informa sobre cuidados com o trânsito.

ALMANAQUE

OS DEZ MANDAMENTOS DE UM PERFEITO PEDESTRE-MIRIM

1. NUNCA ANDE NO MEIO DA RUA.
FIQUE NA CALÇADA, LONGE DO MEIO-FIO. EVITE O RISCO DE SER ATROPELADO.
[...]

4. ATRAVESSE SEMPRE **NAS FAIXAS DE PEDESTRE.**

5. SE ESTIVER PERTO DE UM SEMÁFORO, ESPERE ACENDER O VERMELHO PARA OS CARROS. AGUARDE ATÉ A FIGURINHA DE PEDESTRE FICAR VERDE. SÓ ENTÃO ATRAVESSE A RUA.

6. ANTES DE ATRAVESSAR, PRIMEIRO OLHE BEM PARA OS DOIS LADOS, ESQUERDA E DIREITA. TODOS OS CARROS DEVEM ESTAR PARADOS.

7. NUNCA ATRAVESSE A RUA CORRENDO.
[...]

9. SE A BOLA ESCAPAR DE SUA MÃO, OU SE VOCÊ PERCEBER SEUS PAIS OU UM AMIGO DO OUTRO LADO DA RUA, **NÃO SE AFOBE**. É MELHOR ESPERAR E OLHAR COM ATENÇÃO PARA TODOS OS LADOS E SÓ DEPOIS ATRAVESSAR A RUA!

10. NUNCA FIQUE ATRÁS DE UM CARRO ESTACIONADO. ELE PODE DAR MARCHA À RÉ, SEM AVISAR.

A PRUDÊNCIA EM PEQUENOS PASSOS, DE SILVIE GIRARDET. SÃO PAULO: CIA. EDITORA NACIONAL, 2006, P. 30-31.

Pesquise, recorte e cole no espaço abaixo placas de sinais de trânsito.

6 Você gosta de passear nas praças do município onde você mora?

Siga as setas, descubra as palavras e complete a frase.

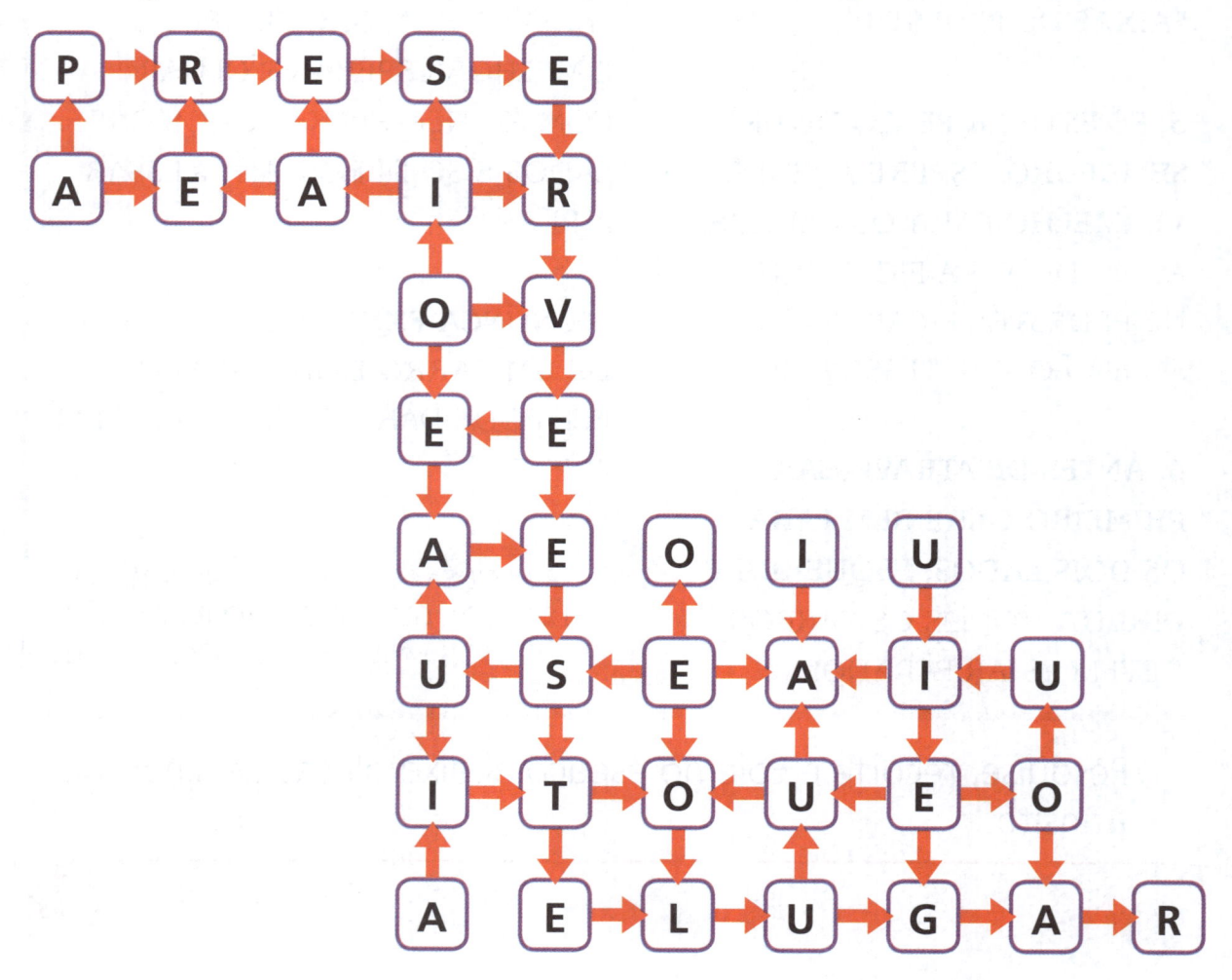

_____. Ele é seu.

Maquete

Podemos representar a sala de aula ou qualquer outro local por meio de uma maquete.

7 Vamos produzir uma maquete da sala de aula!

Para fazer a maquete, você vai precisar de:

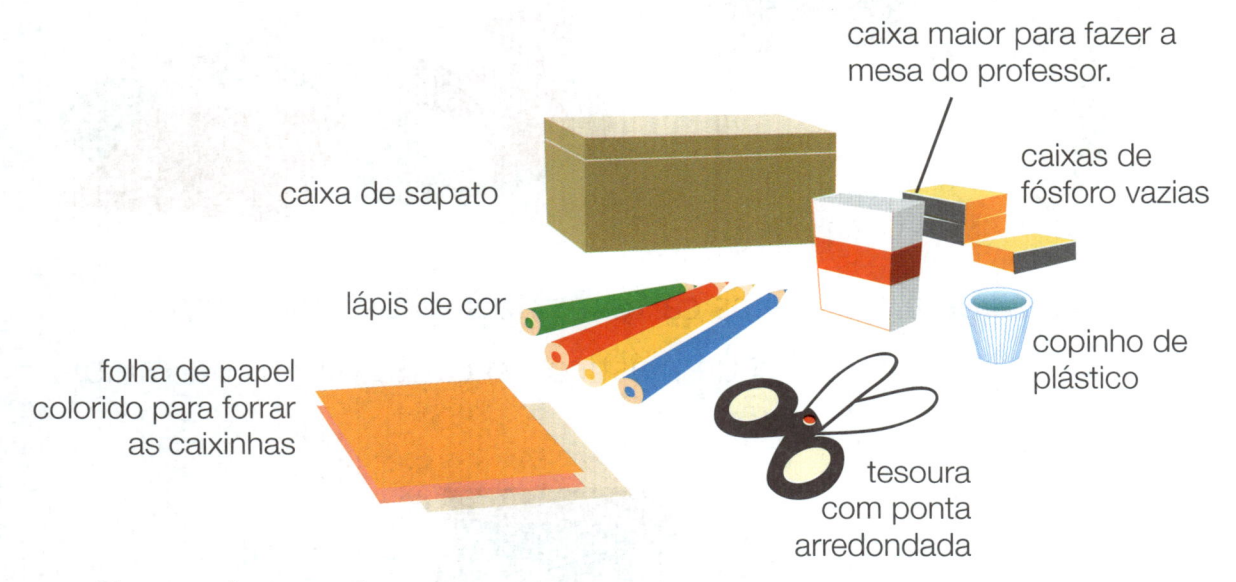

- caixa maior para fazer a mesa do professor.
- caixa de sapato
- caixas de fósforo vazias
- lápis de cor
- copinho de plástico
- folha de papel colorido para forrar as caixinhas
- tesoura com ponta arredondada

Siga as instruções:

a) Recorte um dos lados da caixa de sapato.

> A maquete é uma representação em miniatura de qualquer local ou objeto.

ALMANAQUE

b) Desenhe porta, janelas, quadro de giz e forre ou pinte o chão.

c) Forre as caixas que vão representar a mesa do professor e as carteiras dos alunos.

d) Coloque a mesa e as carteiras na sala de aula. Depois, coloque o copinho de plástico no canto direito do quadro de giz

e) Veja como ficará a maquete!

Parte integrante da Coleção Eu gosto m@is – Geografia 1º ano – IBEP.

Adesivos para colar na página 33.

ADESIVO

PAULO E SIMONE TIVERAM TRIGÊMEOS! 4

PAULO COM A TURMA NA EDUCAÇÃO INFANTIL. 1

PAULO SE CASOU COM SIMONE. 3

PAULO FEZ 9 ANOS. 2

Parte integrante da Coleção Eu gosto m@is – História 1º ano – IBEP.

Adesivos para colar na página 53.

Adesivos para colar na página 113.

MACARRONADA	SÍRIO-LIBANESES/ ÁRABES
SALSICHA	JAPONESES
QUIBE	ALEMÃES
SUSHI	ITALIANOS

Adesivos para colar da página 200.

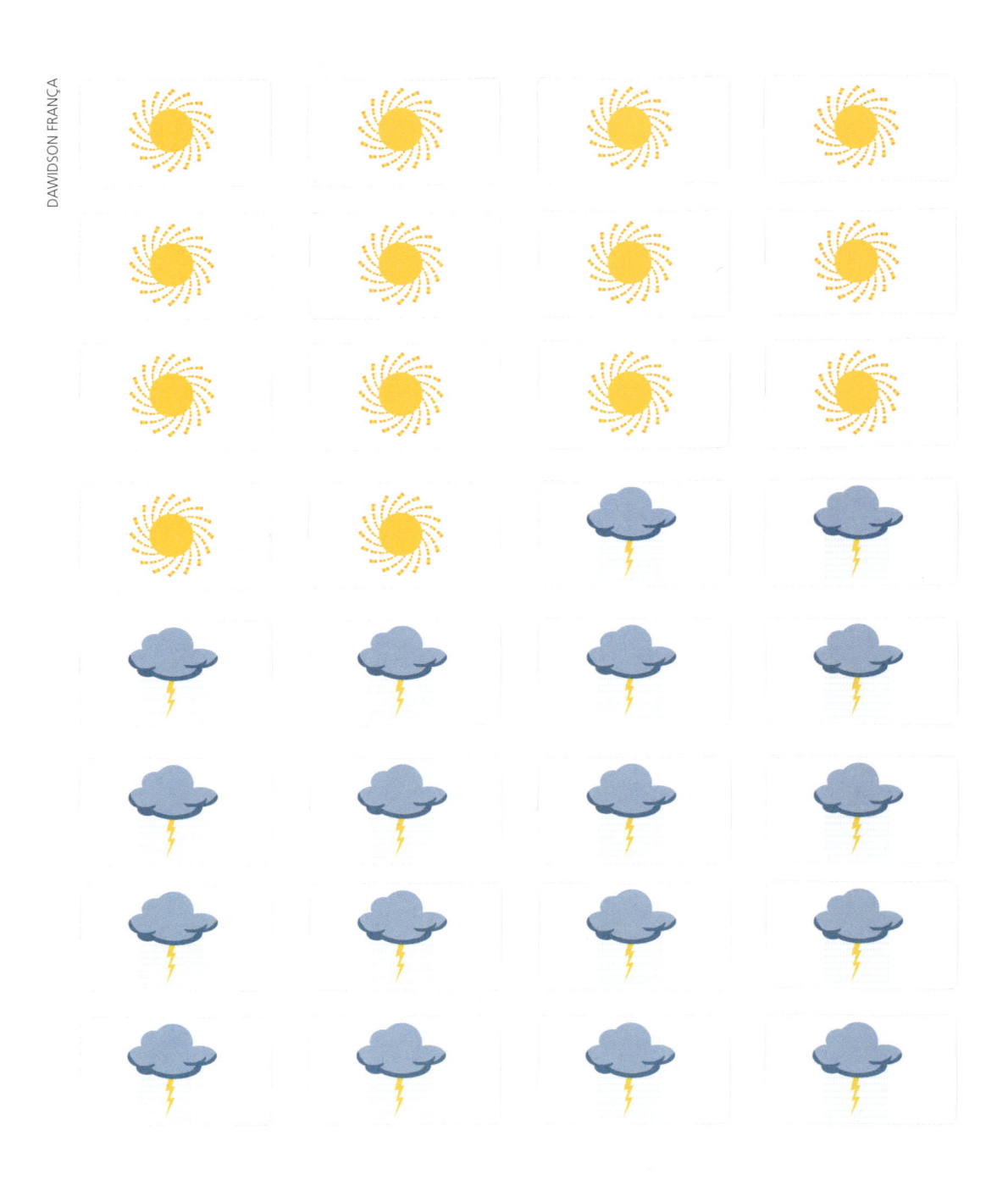

ADESIVO

DAWIDSON FRANÇA

Parte integrante da Coleção Eu gosto m@is – Geografia 1º ano – IBEP.

Adesivos para colar na página 204.

Floresta Amazônica no Pará.

Cataratas do Iguaçu, no Paraná.

Monte Branco, na fronteira entre Itália e França.

Floresta no Rio Grande do Sul.